O novo paradigma holístico

Dados Internacionais de Catalogação na Publicação (CIP)
(Câmara Brasileira do Livro, SP, Brasil)

O novo paradigma holístico : ciência, filosofia, arte e mística / organizado por Dênis M. S. Brandão e Roberto Crema. – São Paulo : Summus, 1991.

Bibliografia.
ISBN 978-85-323-0026-3

1. Medicina holística 2. Misticismo 3. Religião e ciência I. Brandão, Dênis M. S. II. Crema, Roberto.

CDD-610
-215
91-0409 -291.42

Índices para catálogo sistemático:

1. Ciência e religião 215
2. Medicina holística 610
3. Misticismo : Religião comparada 291.42

O novo paradigma holístico

Ciência, filosofia, arte e mística

Organização
DÊNIS M. S. BRANDÃO
ROBERTO CREMA

summus editorial

O NOVO PARADIGMA HOLÍSTICO
Ciência, filosofia, arte e mística

Capa: **Ruth Klotzel**
Impressão: **Sumago Gráfica Editorial Ltda.**

Summus Editorial
Departamento editorial:
Rua Itapicuru, 613 – 7º andar
05006-000 – São Paulo – SP
Fone: (11) 3872-3322
Fax: (11) 3872-7476
http://www.summus.com.br
e-mail: summus@summus.com.br

Atendimento ao consumidor:
Summus Editorial
Fone: (11) 3865-9890

Vendas por atacado:
Fone: (11) 3873-8638
Fax: (11) 3873-7085
e-mail: vendas@summus.com.br

Impresso no Brasil

ÍNDICE

APRESENTAÇÃO

No caos em que estamos sobrevivendo neste fim de século, vozes estão se erguendo para apontar novos caminhos (e às vezes bem antigos, mas esquecidos) que nos permitam sair de situações difíceis, muitas delas aparentemente irreversíveis, como é o caso da destruição de ecossistemas inteiros e do desaparecimento de espécies animais e vegetais.

A visão e a abordagem holística se inscrevem neste brado de alarme, embora com a serenidade do pensador e a prudência do sábio.

Sábias são muitas das intervenções feitas neste memorável Primeiro Congresso Holístico Internacional ocorrido em Brasília, e o presente volume constitui um documento valioso, talvez singular em língua portuguesa, pela forma e conteúdo. O novo paradigma holístico é apresentado aqui pela primeira vez e discutido por eminentes pensadores e cientistas de renome, alguns deles signatários da Declaração de Veneza, da UNESCO.

O segundo volume, *Visão holística em psicologia e educação*, certamente orientará muitas pessoas e instituições na procura de conceitos mais precisos e de metodologias mais adequadas e atualizadas.

Nossos agradecimentos especiais a todos os que fizeram deste trabalho um sucesso sem precedentes, particularmente a Roberto Crema, diretor do Congresso, e Dênis Marinho, que com lucidez e tenacidade tornaram possível a obtenção dos documentos escritos aqui contidos.

Prof. Pierre Weil
Presidente da Fundação Cidade da Paz
e Universidade Holística Internacional.

I A NOVA CIÊNCIA

1

DECLARAÇÃO DE VENEZA

Os participantes do colóquio "A ciência face aos confins do conhecimento: o prólogo de nosso passado cultural", organizado pela UNESCO com a colaboração da Fundação Giorgio Cini (Veneza, 3-7 de março de 1986), impelidos por um espírito de abertura e de questionamento dos valores do nosso tempo, chegaram a um acordo sobre os seguintes pontos:

1. Somos testemunhas de uma importantíssima revolução no domínio da ciência, engendrada pela ciência fundamental (em particular, pela física e pela biologia), pela perturbação que suscita na lógica, na epistemologia e também na vida cotidiana através das aplicações tecnológicas. No entanto, verificamos, ao mesmo tempo, a existência de defasagem importante entre a nova visão de mundo que emerge do estudo dos sistemas naturais e os valores que ainda predominam na filosofia, nas ciências humanas e na vida da sociedade moderna. Pois esses valores estão fundamentados, em grande parte, no determinismo mecanicista, no positivismo e no niilismo. Sentimos que essa defasagem é extremamente prejudicial e portadora de pesadas ameaças de destruição da nossa espécie.

2. O conhecimento científico, por seu próprio movimento interno, chegou aos confins, onde pode começar o diálogo com outras formas de conhecimento. Nesse sentido, reconhecendo as diferenças fundamentais entre a ciência e a tradição, verificamos não a sua oposição, mas a sua complementaridade. O encontro inesperado e enriquecedor entre a ciência e as diferentes tradições do mundo permite pensar no aparecimento de nova visão de humanidade, até de novo racionalismo, que poderia levar a uma nova perspectiva metafísica.

3. Recusando qualquer projeto globalizante, qualquer sistema fechado de pensamento, qualquer nova utopia, reconhecemos, ao mes-

tempo, a urgência de uma pesquisa verdadeiramente transdisciplinar, em intercâmbio dinâmico entre as ciências "exatas", as ciências "humanas", a arte e a tradição. De certa forma, essa abordagem transdisciplinar está escrita em nosso próprio cérebro através da interação dinâmica entre seus dois hemisférios. O estudo conjunto da natureza e do imaginário, do universo e do homem poderia, assim, aproximar-se melhor do real e permitir-nos enfrentar melhor os diferentes desafios de nossa época.

4. O ensino convencional da ciência, devido à apresentação linear dos conhecimentos, dissimula a ruptura entre a ciência contemporânea e as visões ultrapassadas do mundo. Reconhecemos a urgência da pesquisa de novos métodos de educação, capazes de levar em conta os avanços da ciência que agora se harmonizam com as grandes tradições culturais, cuja preservação e cujo estudo mais profundo parecem fundamentais. A UNESCO seria a organização adequada para a promoção de tais idéias.

5. Os desafios de nossa época — o desafio da autodestruição de nossa espécie, o desafio da informática, o desafio genético etc. — iluminam, de maneira nova, a responsabilidade social dos homens de ciência, tanto no que diz respeito à iniciativa da pesquisa como à sua aplicação. Se os homens de ciência não podem decidir sobre a aplicação de suas próprias descobertas, não devem também assistir passivamente à aplicação cega, levada a cabo por outros, destas mesmas descobertas. É nossa convicção que a amplitude dos desafios contemporâneos exige, de um lado, informação rigorosa e permanente da opinião pública e, de outro lado, a criação de organismos de orientação e mesmo de decisão de natureza pluri — e transdisciplinar.

Queremos expressar a esperança de que a UNESCO dê prosseguimento a esta iniciativa, estimulando uma reflexão dirigida para a universalidade e a transdisciplinaridade.

Agradecemos à UNESCO, que tomou a iniciativa de organizar este encontro, de acordo com a vocação de universalidade que a distingue. Agradecemos também à Fundação Giorgio Cini, que ofereceu condições para que o encontro se realizasse em um lugar ideal para o desenvolvimento de trabalhos desta natureza.

PARTICIPANTES

— Professor D. A. Akyeampong (Gana), físico-matemático, Universidade de Gana.

— Professor Ubiratan d'Ambrosio (Brasil), matemático, coordenador geral dos Institutos, Universidade Estadual de Campinas.

— Professor René Berger (Suíça), professor honorário, Universidade de Lausanne.

— Professor Nicolo Dallaporta (Itália), professor honorário da Escola Internacional de Altos Estudos, Trieste.

— Professor Jean Dausset (França), Prêmio Nobel de Fisiologia de Medicina (1980), presidente do Movimento Universal da Responsabilidade Científica (MURS-França).

— Senhora Maltraye Devi (Índia), poetisa-escultora.

— Professor Gilberto Durand (França), filósofo, fundador do Centro de Pesquisa sobre o Imaginário.

— Dr. Santiago Genovès (México), pesquisador do Instituto de Pesquisa Antropológica, acadêmico titular da Academia Nacional de Medicina.

— Professor Avishai Margalit (Israel), filósofo, Universidade Hebraica de Jerusalém.

— Professor Yujiro Nakamura (Japão), filósofo-escritor, professor da Universidade Meiji.

— Professor David Ottoson (Suécia), presidente do Comitê Nobel para fisiologia ou medicina, professor e diretor, Departamento de Fisiologia, Instituto Karolinska.

— Professor Abdus Salam (Paquistão), Prêmio Nobel de Física (1979), diretor do Centro Internacional de Física Teórica, Trieste, Itália, representado pelo dr. L. K. Shayo (Nigéria), professor de matemática.

— Dr. Rupert Sheldrake (Reino Unido), Ph.D. em bioquímica, Universidade de Cambridge.

— Professor Henry Stapp (EUA), físico, Laboratório Lawrence Berkeley, Universidade da Califórnia, em Berkeley.

— Dr. David Suzuki (Canadá), geneticista, Universidade da British Columbia.

PARTICIPANTES E AUTORES DE DOCUMENTOS DE TRABALHO:

— Dr. Susantha Goonalilake (Sri Lanka), pesquisador, antropologia cultural.

— Dr. Basarab Nicolescu (França), físico, CNRS.

OBSERVADORES que fizeram intervenções no colóquio:

— Michel Random (França) escritor, editor.

— Jacques G. Richardson (França/EUA) escritor científico.

2

O NOVO PARADIGMA HOLÍSTICO
Ondas à procura do mar

Pierre Weil

Muito se tem falado ultimamente, em certos meios da ciência, em mudança de paradigma; estaríamos em plena revolução científica e epistemológica; esta revolução seria justamente caracterizada pela emergência, no cenário do conhecimento humano, de um novo paradigma.

Tem-se dado o nome de paradigma holístico a este fator de mudança. Em que consiste este paradigma holístico? Como defini-lo, se isto for possível? Quais as suas repercussões na ciência, na filosofia e na arte, e quais as suas relações com as tradições espirituais da humanidade?

A explanação que apresentamos a seguir constitui um aprofundamento do artigo (33), no qual procuramos definir a palavra "holística", e uma extensão de parte de um livro que acaba de ser publicado sob o título *A neurose do paraíso perdido* (34). Neste último trabalho, mostramos como a humanidade entrou numa crise de fragmentação a partir do que chamamos de "fantasia da separatividade", e como essa fantasia a levou a uma neurose que ameaça sua própria subsistência como espécie desta terra.

Vamos começar por definir mais exatamente o que é um paradigma, para depois conceituar o que é holístico. Só depois estaremos em condições de verificar como o novo paradigma holístico, uma vez definido, repercute no conhecimento e em suas aplicações.

Significado do termo "paradigma"

Em grego, *paradigma* significa exemplo ou, melhor ainda, modelo (35) ou padrão (36,37). Na filosofia platônica, era o mundo das idéias, protótipo do mundo sensível em que vivemos (38). Na sua *República*, Platão usa o termo na seguinte sentença: "Talvez se encontre no céu um paradigma para este que, tendo-o percebido, quer lá se estabelecer" (39).

Na sua origem, o termo foi usado mais especialmente em lingüística, para designar em gramática um exemplo tipo.

Parece que só recentemente o paradigma foi introduzido como conceito em ciência.

Foi Thomas S. Kuhn (40) que fez uso sistemático e consciente do termo "paradigma" em ciência. "Ao escolhê-lo", afirma Kuhn, "pretendo sugerir que certos exemplos da prática científica atual — exemplos que incluem lei, teoria, aplicação e instrumentação — provêm modelos dos quais surgem certas tradições coerentes de pesquisa científica. São estas tradições que a história descreve sob certas rubricas, tais como a astronomia ptolemaica (ou copernicana), a 'dinâmica aristotélica', (ou newtoniana), a 'ótica corpuscular' (ou ótica ondulatória), e assim por diante. O estudo de paradigmas, incluindo muitos dos que estão mais especializados do que os acima mencionados, é o que prepara principalmente o estudante para se tornar membro de uma comunidade científica particular na qual ele vai mais tarde praticar... Homens cuja pesquisa é fundamentada em paradigmas comuns se submetem às mesmas regras e padrões de prática científica. Este comprometimento, assim como o consenso aparente que ele produz, constitui pré-requisito para a ciência normal, isto é, para a gênese e a continuação de uma pesquisa tradicional particular" (41).

A força de um paradigma reside justamente neste consenso de determinada comunidade científica, em certa época. Kuhn nos dá exemplo dos diferentes paradigmas que se sucederam através do tempo e que se referem à natureza da luz.

O autor reconhece que pode haver certo tipo de pesquisa científica sem explicitação do paradigma, mas afirma peremptoriamente que "a aquisição de um paradigma (...) é um sinal de maturidade no desenvolvimento de qualquer campo científico conhecido".

Uma revolução científica é, antes de tudo, uma revolução de paradigma. Quando uma geração de cientistas produz uma nova síntese, a antiga geração se extingue e dá lugar a uma nova geração, que adere ao novo paradigma. Alguns teimam em se agarrar a alguns aspectos ultrapassados do antigo paradigma; são fatalmente erradicados do novo meio ou da nova comunidade científica, e, às vezes, se agrupam para constituir grupos "ortodoxos". A respeitabilidade de um cientista é uma conseqüência direta da sua adesão ao novo paradigma.

A transição de um paradigma para outro se caracteriza por uma crise. Enquanto a "ciência normal" prossegue em suas pesquisas dentro do antigo paradigma, certas "anomalias" são simplesmente ignoradas, pois constituem brechas nas regras do jogo "oficial" da ordem estabelecida. Certos cientistas começam então a explorar a falha, a lacuna ou a anomalia; o novo fato é então olhado com desconfiança pela "ciência normal", levada pelas forças do hábito e do conservantismo. Diz Kuhn que "a novidade geralmente aparece só para o homem que, conhecendo *com precisão* o que deveria esperar, está em condições de reconhecer que algo está errado. A anomalia aparece somente em contraste com o plano de fundo fornecido pelo paradigma. Quanto mais preciso e maior for o alcance desse paradigma, mais sensível será o indicador que ele fornece da anomalia e, por isso mesmo, eis a oportunidade para uma mudança de paradigma" (43). E quanto maior for a resistência à mudança, mais garantias haverá de que sua aceitação posterior terá sido cercada de todas as precauções metodológicas. Assim, a ciência "normal" é ao mesmo tempo um obstáculo e uma garantia de seriedade para o novo paradigma emergente. Assim sendo, a crise é uma pré-condição necessária para o aparecimento de novas teorias.

A crise da fragmentação e o paradigma newtoniano-cartesiano

Se olharmos ao nosso redor, neste fim do segundo milênio da era cristã, seremos obrigados a reconhecer que vivemos numa época caracterizada pela divisão, pelas dissensões, pela violência, pela destruição e pela guerra.

Nosso mundo está em crise, provocada por lacunas e falhas do paradigma reinante e suas extrapolações. A felicidade prometida pelas aplicações indiscriminadas da ciência moderna sob forma de tecnologia está se transformando no seu contrário; de um lado, temos a falta elementar de alimento e conforto, que traz fome e miséria física ao Terceiro Mundo; do outro lado, temos a miséria psicológica que acompanha o excesso de alimento e conforto dos países desenvolvidos, onde crescem a solidão, a indiferença, a violência sob todas as suas formas; o conforto não trouxe a felicidade, qualquer que seja o regime político reinante.

Esta crise culminou em 1986, ano da Declaração de Veneza, quando, sob o patrocínio da UNESCO, cientistas, filósofos e literatos, entre os quais vários prêmios Nobel, apontaram as causas essenciais desses males, reconhecendo que a ciência chegou aos confins em que se revela necessário o encontro com as grandes tradições sapientais da humanidade, o que em si já constitui um encontro holístico.

No trabalho acima citado (34), apoiado numa análise comparativa das observações da ciência e da sabedoria antiga, mostramos que a origem última desta crise de fragmentação se encontra numa dualidade muito antiga e muito arraigada na mente da maioria dos homens: uma fantasia que os faz perceber uma divisão entre um "eu" e um mundo que, também fantasmático, podem ser percebidos como "reais" num plano apenas relativo.

Esta fantasmagoria, este fantasma da separatividade, traz consigo conseqüências danosas para a harmonia tanto interna como externa do homem: o apego e a possessividade, que trazem consigo o medo de perder o que se julga possuir; a raiva, a agressão e a violência ligadas à defesa da posse de idéias, pessoas ou coisas, sem contar o ciúme, a competição e o orgulho paranóico.

Embora a separatividade dualista e pluralista já esteja assinalada em textos muito antigos, como os *Upanishads* hindus, os *Sutras* budistas ou mesmo a genesis bíblica, sob forma do símbolo da árvore do conhecimento, ela assume formas extremamente sutis e refinadas nas teorias científicas contemporâneas; até o advento da física quântica e da psicologia transpessoal, tais teorias podem ser agrupadas em torno de um paradigma: o paradigma newtoniano-cartesiano. Este paradigma domina até agora a mente da maioria dos cientistas atuais, impregna a lógica formal clássica e teve repercussões em biologia e em psicologia.

Confrontando o paradigma da física e da psicanálise, Fritjof Capra aproveita a oportunidade para mostrar os pontos comuns. Eis o que ele nos comunica (44).

"A estreita relação entre a psicanálise e a física clássica torna-se flagrantemente óbvia quando consideramos os quatro conjuntos de conceitos que formam a base da mecânica newtoniana:

1. Os conceitos de espaço e tempo absolutos, e o de objetos materiais separados, movendo-se nesse espaço e interagindo mecanicamente.

2. O conceito de forças fundamentais, essencialmente diferentes da matéria.

3. O conceito de leis fundamentais que descrevem o movimento e as interações mútuas dos objetos materiais em termos de relações quantitativas.

4. O rigoroso conceito de determinismo e a noção de uma descrição objetiva da natureza, baseada na divisão cartesiana entre matéria e mente."

O paradigma newtoniano-cartesiano teve influência profunda não só na psicanálise, onde Freud estabeleceu uma relação explícita com a mecânica newtoniana, como também na economia, na educação, na medicina e mesmo na natureza propriamente dita; afetou sobretudo o sistema de valores das culturas industrializadas.

No livro já citado de Fritjof Capra o leitor encontrará uma excelente síntese de como o antigo paradigma afetou a prática econômica contemporânea: a fragmentação das especializações, o desvinculamento dos valores superiores da humanidade, a abordagem competitiva na exploração da natureza, o esgotamento progressivo dos recursos naturais, o consenso de que a natureza existe para o homem, a visão do homem como um ente consumidor, o que levou a um consumismo desenfreado, a confusão entre riqueza material e felicidade, a tecnologia a serviço da destruição em massa e a venda de 70% de armamentos aos países do Terceiro Mundo, a divisão sócio-econômica norte-sul do mundo, a exploração indiscriminada das sociedades pelas multinacionais, sobretudo no Terceiro Mundo etc... etc... (45)

Na educação, a fragmentação do ensino aumenta à medida que se atinge as séries superiores, chegando a fazer das universidades atuais verdadeiras torres de Babel. Uma separatividade fundamental impregna a educação: o intelecto é confiado às escolas e o caráter, incluindo sentimentos e valores, supostamente ainda está nas mãos da família. Pela força da escolaridade, disso resulta uma visão unilateral do mundo, puramente intelectual, onde sentimentos e valores são relegados a segundo plano ou simplesmente ignorados. O conhecimento se torna uma espécie de mercadoria a ser adquirida e estocada no armazém da memória. A mentalidade consumista se introduziu no seio mesmo da educação. O hemisfério cerebral esquerdo passa a predominar sobre as áreas intuitiva e criativa do hemisfério direito. Muitas vezes, o produto final dessa fragmentação é o tecnocrata ou burocrata frio, insensível e profundamente egoísta.

Descrevemos recentemente como o paradigma newtoniano-cartesiano tem afetado a própria medicina e o conceito de saúde. Mostramos como o desaparecimento do clínico geral e a fragmentação da medicina em superespecializações levam os pacientes a se sentirem perdidos diante da ausência freqüente de uma visão sintética do seu caso. A frieza da objetividade científica, o paciente considerado como "objeto" de estudo, o corpo percebido como uma máquina a ser consertada, o desprezo pelos aspectos psicológicos da doença são, entre outros aspectos, conseqüência direta ou indireta do antigo paradigma.

Na política, o antigo paradigma tem influências enormes que mereceriam um estudo especial. A mentalidade reinante que assinalamos em economia se aplica integralmente à política, onde predomina também um reducionismo em torno de conceitos tecnológicos de produtividade e de consumismo, sem consideração pelo meio ambiente. O homem é na maioria das vezes considerado um cidadão cumpridor de leis e regulamentos. O sistema de valor reinante é a luta pelo poder; beleza, verdade e amor são considerados meras fantasias ou, no melhor dos casos, bons argumentos para conseguir prestígio e votos. Em todos os países, a decepção do público com a política aumenta constantemente. Resulta disto uma situação de descrença das populações em seus próprios dirigentes.

Poderíamos estender esta descrição a todos os domínios do conhecimento. Na filosofia, particularmente, o número de teorias é tão grande que os próprios filósofos não podem mais conhecê-las todas a fundo. Seria preciso voltar aos pré-socráticos como Heráclito, que já mostrava o caminho da saída da dualidade.

O movimento holístico e o surgimento do novo paradigma

O sentimento de mal-estar generalizado diante dos grandes problemas da atualidade, tais como a violência interindividual, a violência política e internacional sob forma de guerras, o perigo de proliferação nuclear, o desequilíbrio ecológico, entre outros, tem levado à construção de pontes sobre todas as formas de fronteiras criadas em última instância pela mente humana. Entre outros, podemos citar as organizações internacionais, os movimentos de encontro das grandes tradições espirituais, os encontros interdisciplinares e o advento de uma mentalidade de trabalho de equipe em todos os domínios da ciência e da tecnologia, o aparecimento de movimentos alternativos à destruição em medicina e em terapia, o conceito de medicina psicossomática e a abordagem holística em terapia e, enfim, os primeiros encontros entre ciência e sabedoria.

A palavra "holístico" está se infiltrando sub-repticiamente na ciência, na filosofia, na educação e na terapia, sem que se tenha feito um esforço para conhecer sua origem e traçar a história da evolução deste conceito. É o que vamos fazer agora, começando pelo pioneiro e criador da palavra e do conceito de *holismo*.

Origem e história do holismo

Em 1926, foi editado em Londres um livro escrito por um general sul-africano, um dos primeiros partidários do movimento anti-*apartheid*, o filósofo Ian Christian Smuts, sob o título: *Holism and evolution* (1).

Trata-se sem dúvida de uma obra pioneira, demasiadamente à frente do seu tempo para que seu alcance fosse plenamente compreendido na sua época. Quem o descobriu foi o psicanalista Adler, que entrou em correspondência com ele e colaborou na publicação da sua obra na Europa (2). O próprio Adler foi muito influenciado por suas idéias.

O assunto central do livro consiste numa tentativa de definição da natureza da evolução, das suas fases principais e de um fator ou princípio subjacente a esta evolução e a todo o universo.

"Este fator, doravante chamado *holismo*, se encontra subjacente a uma tendência sintética no universo e constitui o princípio responsável pela origem e pelo progresso de conjuntos (*wholes*) no universo. Há uma tentativa para mostrar que esta realização de conjuntos, ou tendência holística, é fundamental na natureza, que ela possui um caráter bastante acentuado e verificável, e que a evolução nada mais é do que o desenvolvimento gradual e a estratificação progressiva de séries de conjuntos, que se estendem, a partir de começos inorgânicos, até os níveis mais elevados de criação espiritual. (3)" Assim sendo, Smuts caracteriza sua obra como um trabalho que "lida com nossos conceitos primários de matéria, vida, mente e personalidade" (5).

Vamos apresentar um resumo das principais idéias expostas pelo autor.

A continuidade evolutiva entre matéria, vida e mente

Segundo ele, aceitar a evolução como um fato implica o abandono de idéias falsas a respeito da natureza da matéria, pois, se a matéria detém "o potencial da vida e da mente, ela não é mais a velha matéria dos materialistas físicos. Temos aceitado a evolução, mas falhamos ao deixar de efetuar os reajustes fundamentais nos nossos pontos de vista que esta aceitação implica" (5).

Efetivamente, até hoje, matéria, vida e mente se encontram completamente separados; por um lado, são três os grandes ramos da ciência atual: as ciências físicas, as ciências biológicas e as ciências humanas, entre as quais a psicologia; por outro lado, essa fragmentação atinge também a nossa própria estrutura individual, onde corpo, emoções e mente se encontram em freqüentes conflitos.

Como veremos mais adiante, muito ainda resta a fazer no sentido de restabelecer, na mente dos cientistas, a verdade da indissolúvel continuidade entre estes três domínios.

Desde o início de sua obra, Smuts questiona o conceito de causalidade, que ele considera rígido e limitado. Este conceito provém, segundo ele, de um conceito mais amplo e mais errôneo ainda, que consiste em dar contornos estreitos a todos os conceitos, o que, ao definir rigidamente esses contornos, elimina os campos circunvizinhos. Eis pois as razões essenciais pelas quais a ciência do século XIX andou errada.

Toda a obra de Smuts tende a restabelecer a unidade fundamental subjacente à matéria, à vida e à mente. Para isto, será preciso transpor o conceito mecanicista e adotar uma posição mais flexível de evolução criativa, integrando no entanto o primeiro num conceito holístico mais amplo. Eis como ele mesmo expressa esta unidade:

"Matéria, vida e mente, longe de serem descontínuas e distintas, irão aparecer como séries mais ou menos interligadas e progressivas do mesmo grande processo. E este processo aparecerá como sendo subjacente e como explicação das características de todas as três e dará à evolução, tanto inorgânica como orgânica, a continuidade que ela parece não possuir de acordo com as idéias científicas e filosóficas atuais" (6).

Smuts faz então uma revisão dos conceitos de matéria, vida e mente.

Crítica do conceito tradicional de matéria inerte

Ele começa mostrando a evolução das noções de tempo e espaço; mostra como as velhas idéias de separação destas duas variáveis foram substituídas pelo conjunto inseparável de espaço-tempo, responsável pela existência do mundo físico, o qual por isto mesmo se torna uma abstração, já que as coisas e corpos têm uma natureza espacial, e não podem portanto ser considerados como apresentando uma realidade em si. O fato de o espaço-tempo do universo ser curvo e de o universo estar em perpétuo movimento gravitacional e rotacional elimina as velhas idéias que atribuíam um caráter homogêneo ao espaço e ao tempo.

Assim sendo, "a matéria é uma estrutura de unidades de energia que evolve com velocidades imensas no espaço-tempo, e os vários elementos emergem do número e da combinação das unidades num átomo" (7).

Smuts mostra que o fosso entre matéria e vida pode ser preenchido graças a cinco pontos essenciais que emergem da sua análise estrutural da matéria:

"1. A velha visão da matéria como inerte e passiva desaparece completamente...

2. A radioatividade na matéria preenche o papel da evolução orgânica na vida. Os dois tornam fluídas as antigas entidades e formas fixas, embora as diferenças entre ambas não devam ser minimi-

zadas. Especialmente, é preciso reconhecer que a radioatividade é regressiva, enquanto a evolução orgânica é progressiva.

3. A tabela periódica em química tem uma semelhança nítida com os sistemas botânicos e zoológicos.

4. O caráter estrutural da matéria indica que ela é também criativa (...) de formas, arranjos e padrões que constituem todo o seu valor na esfera física.

5. No seu estado coloidal, a matéria como protoplasma revela propriedades e fabrica substâncias tais como a clorofila e a hemoglobina, necessárias para a função da vida'' (8).

Depois de constatar as semelhanças entre matéria orgânica e inorgânicas, Smuts passa a reexaminar os conceitos ligados à vida.

Holismo e vida

Segundo ele, ''a célula é a segunda estrutura fundamental do universo'' (9). Depois de ter descrito a função da célula em todos os organismos, sejam eles vegetais, animais ou humanos, Smuts insiste numa idéia que lhe é cara: a de que o conjunto não é a mera soma de todas as partes: ''a regulação e a síntese de funções se fazem presentes não só em todas as funções corriqueiras dos organismos, mas especialmente na sua capacidade de auto-restauração em caso de mutilação. Em tal fenômeno, parece haver, em operação efetiva, algo mais do que simplesmente as partes; as partes parecem jogar uma partida em conjunto e corresponder a algum propósito comum ou atuar para o bem-estar comum. Elas parecem responder a alguma pressão central. Parece haver um regulador central. Temos visto um fator estruturante na matéria; agora vemos um fator que, no organismo, cuida de uma regulação central e de uma coordenação de todas as partes. Estamos, evidentemente, em presença de algum fator interno na evolução, o qual necessita de identificação e descrição'' (10).

Da mesma forma que o átomo, que, como primeira estrutura fundamental do universo, tem uma força interna responsável pelo agrupamento estruturante, também se identifica uma força estruturante e reparadora na célula e nos organismos. É este agrupamento de conjuntos que leva Smuts a definir o que é *holismo*:

''Holismo (de *holos* = todo) é o termo forjado para este fator operativo fundamental referente à criação de conjuntos no universo'' (11).

Ele distingue duas concepções de evolução. Uma considera toda espécie de realidade como sendo determinada em forma e substância desde o início de forma implícita ou atualizada, sendo que a história posterior seria apenas a explicitação, a evolução ou o desenvolvimento deste conteúdo implícito. A outra concepção aceita a existência de dados mínimos desde o princípio, mas considera o próprio processo evolutivo como criativo da realidade.

A primeira tendência exclui toda espécie de liberdade, já que tudo é determinado de antemão. A segunda faz da própria liberdade o caráter inerente do universo. Segundo Smuts, é esta segunda tendência que prevalece, e que ele mesmo adotou, chamando-a de evolução criativa:

"Conjuntos não são apenas construções artificiais do pensamento: eles apontam algo real no universo, e holismo é um fator operativo real, uma *vera causa*" (12). Ele discorda de Bergson ao afirmar que por trás da evolução "não há um vago impulso, ou *élan vital*, mas algo bastante definido e específico na sua operação, e nisto produtivo do caráter concreto real da evolução cósmica" (13).

Smuts afirma que esta idéia de conjuntos ou todos e de totalidade abrange não somente a substância inorgânica ou o domínio biológico, mas se estende também às mais altas manifestações do espírito humano.

Descrevendo, nesta evolução criadora, as relações entre as partes e o todo, diz ele, textualmente: "Tomando uma planta ou um animal como protótipo de um conjunto, podemos notar que o caráter holístico fundamental é uma unidade tão densa e intensa que só pode ser mais do que a soma de suas partes; uma unidade que não só comunica uma estrutura ou uma conformação particular às partes, mas ainda as coloca em relação e as determina na sua síntese, de tal forma que suas funções ficam por isto mesmo modificadas; a síntese afeta e determina as partes, de tal modo que estas funcionam para o 'todo'; por isto mesmo, o todo e suas partes se influenciam e se determinam reciprocamente e seus caracteres individuais aparecem de certa forma fundidos: o todo está nas partes e as partes estão no todo, e esta síntese entre todo e partes se reflete no caráter holístico das funções tanto das partes quanto do todo" (14).

Crítica do mecanicismo e sua integração no holismo

A explicação da natureza não pode ser pois puramente mecânica; este processo de síntese criativa constante leva a conjuntos ou configurações altamente dinâmicos; logo, muito longe de serem estáticos. Mas Smuts não rejeita de todo o conceito mecanicista: "O conceito mecanicista da natureza tem o seu lugar e a sua justificação somente na estrutura mais ampla do holismo" (15).

Para Smuts, o holismo aponta para dentro mesmo do ser humano e mostra como, nesta totalidade que leva a conjuntos cada vez mais perfeitos, se encontram o sentido profundo e o próprio rumo do universo.

Ele então expõe como o holismo se expressa a si mesmo e cria conjuntos sob forma de fases progressivas do desenrolar da realidade. Estes estágios são os seguintes, segundo um resumo feito por ele mesmo:

"1. Estrutura material definida ou síntese de partes num corpo natural, porém sem mais atividade interna conhecida do que a das forças ou energias meramente físicas ou químicas: por exemplo, uma composição química.

2. Estrutura funcional em corpos viventes onde as partes, nesta síntese específica, se tornam ativamente cooperadoras e funcionam de maneira coesa para a manutenção do corpo: por exemplo, uma planta.

3. Esta atividade cooperativa específica se torna objeto de coordenação ou regulação por algum controle central acentuado, o qual está ainda num estado predominantemente implícito e inconsciente: por exemplo, num animal.

4. O controle central se torna consciente e culmina na personalidade; ao mesmo tempo, ele aparece em grupos holísticos mais compósitos na sociedade.

5. Nas associações humanas, esse controle central se torna superindividual no Estado e em organizações grupais semelhantes.

6. Finalmente, emergem conjuntos ideais ou ideais holísticos, ou valores absolutos, desengajados ou liberados da personalidade humana, que operam por conta própria como forças criativas na construção de um mundo espiritual. Assim são os ideais de verdade, beleza e bondade, sobre os quais se assentam as fundações de uma nova ordem no universo.

... Assim chegamos a uma concepção do universo que não é uma coleção de acidentes reunidos externamente, tal qual uma colcha de retalhos, mas que é sintético, estrutural, ativo, vital e crescentemente criativo por toda parte, e cujo desenvolvimento progressivo é moldado por uma atividade operativa holística única, que vai desde as origens dos organismos mais humildes até as criações e ideais mais sublimes do espírito humano e universal"(16).

É esta tendência, força ou princípio único que Smuts chamou de holismo. É por este processo contínuo e universal de modelagem de conjuntos que a realidade se forma, etapa por etapa, através das coisas, plantas, animais e seres humanos.

Uma das contribuições mais importantes da obra de Smuts, e que merece reflexões acuradas até em nosso tempo, é a sugestão de substituir o conceito de "vida" pelo de "todo"; ele acha, e o demonstra, que o conceito de vida é vago, incapaz de permitir uma definição clara e objetiva, e que só traz confusão, uma vez que opera uma divisão artificial entre matéria orgânica e inorgânica, do que resulta a divisão rígida entre ciências físicas e biológicas. Como ele mesmo o expressa: "O conceito de vida é vago demais para ser objeto de definição e de redução a um conteúdo determinado; ao mesmo tempo, e talvez justamente por esta razão, ele é suscetível de ser hipostasiado em uma substância ou força separada do organismo que a assinala. É este abuso, além do seu caráter indefinido, que levou a grande maioria dos biólogos a abandoná-lo, vendo na vida nada mais do que um tipo específico de mecanismo. Eu sugiro, por motivos científicos e filosóficos, a substituição do conceito de vida pelo conceito de todo, o que dará muito mais precisão à idéia subjacente" (17). O conceito de todo permite também evitar a explicação mecanicista que corresponde apenas a uma fase primitiva, mais crua do holismo. O mecanicismo diminui à medida que se desenvolve o holismo; os dois conceitos não são opostos, e cada um tem a sua esfera própria. Na fase mecanicista, dois elementos, entidades ou unidade *a* e *b* entram em interação e constituem uma estrutura física ou química, sem no entanto perder sua identidade própria. Na fase holística, que começa com o nível bioquímico, o elemento *a* e o elemento *b* se transformam parcialmente ou completamente; a entidade resultante *x* não pode ser considerada o resultado apenas da influência e de atividades separadas de *a* e *b*; *x* é um mecanicismo bioquímico. Além deste ponto não há mais mecanismo, mas holismo; é o caso da mente e da personalidade. Tanto o mecanicismo como o holismo são uma questão de graus, e Smuts considera o mecanicismo como começo ou estágio inicial do holismo.

A integração holística da mente

Smuts faz então uma longa análise do processo de evolução segundo Darwin e o amplia, uma vez que dá mais ênfase ao processo de variação progressiva ou diversificação do que o fez Darwin, que acentuou mais a seleção natural. Ele mostra também que o holismo não somente é criador de variação, mas também é inibidor dela, como é o caso das tendências repressoras já ativas no nível orgânico, mas também no nível ético, onde contribui para formar a personalidade. Smuts amplifica o conceito evolutivo de Darwin e o estende a limites além do nível orgânico, alcançando o dos grandes valores: a beleza é, por natureza, holística e transcende de longe o fator de sobrevida e de seleção natural. "Há, evidentemente, em tudo isto mais do que o que os fatores do darwinismo podem explicar, e seria loucura e anticientificismo deixar de reconhecer isto com bastante franqueza." (18)

Smuts ataca então o aspecto evolutivo da mente; e vai além da psicologia, que só estuda a mente individual; para ele, a mente subjetiva individual é apenas um aspecto da mente; sendo o outro aspecto universal.

No seu aspecto universal, a mente é uma continuação ou a decendência do sistema de regulação orgânica.

A mente, para Smuts, é um orgão do todo. É tão velha quanto a própria vida, mas seu pleno desenvolvimento teve que esperar o da própria vida. A "tensão" do corpo, através de um vago sentimento de desconforto, se transforma em *ad-tensão*, ou atenção, e finalmente em consciência.

Assim, a mente individual, que do ponto de vista da psicologia é o sujeito da experiência, o *self* e, finalmente, a personalidade, do ponto de vista do sistema universal de ordem, "este indivíduo aparece como tendo uma influência perturbadora, como um rebelde contra esta ordem. Mas o rebelde luta para conseguir o caminho da vitória, desenvolve flexibilidade e liberdade, e é aliviado do fardo da rotina habitual anterior ao holismo".

Assim, através do seu poder de experiência e conhecimento, a mente passa a dominar suas próprias condições de vida, a assegurar a liberdade e a controlar o sistema de regulação do qual ela nasceu. Liberdade, flexibilidade, criatividade se tornam características da nova ordem da mente.

"... Os aspectos individuais e universais da mente se enriquecem e se frutificam mutuamente, o que, no nível da personalidade humana, resulta na criação de um novo mundo de liberdade espiritual." (19)

Smuts também considera a mente como um campo, porém um campo de natureza diferente do campo inorgânico da matéria ou do campo orgânico; não é nem físico nem fisiológico. A mente é um novo tipo de estrutura de natureza imaterial ou espiritual. "Na mente há uma área iluminada central, a área de plena consciência, a qual é diretamente aberta à inspeção e observação. Se tomamos esta área como a estrutura central da mente, o 'campo' da mente passa então a significar aquela área das suas funções e atividades que caem abaixo do 'limiar' da consciência, permanecendo sem iluminação e escura, e que não pode, por esta mesma razão, ser conhecida por inspeção direta (...) e que só pode ser inferida pelos seus efeitos indiretos."(20) A telepatia e a intuição caem neste campo.

Assim, partindo de aspectos puramente automáticos, a mente se desenvolve para desembocar numa atividade criativa livre, que se manifesta por um comportamento significativo no sentido teleológico do termo. "O reino da finalidade", como o chamava Kant, "é o reino dos grandes valores e ideais, constituindo a casa de destino".

A personalidade como ponto culminante da evolução

O ponto mais alto da evolução, para Smuts, é a personalidade. Ela é construída sobre as estruturas anteriores da matéria, da vida e da mente neste movimento holístico do universo. Constitui um conjunto que integra corpo e mente. O holismo é o agente criador deste conjunto. Acima da hereditariedade de natureza orgânica e animal e da hereditariedade psíquica que nos proporciona o potencial de aprendizagem, o holismo, que já influencia esta hereditariedade, se manifesta sob forma de individualidade, "uma personalidade individual, que faz desta dupla hereditariedade uma combinação e uma composição diferente e única. A qualidade de cada pessoa humana é unica e absolutamente individual" (21).

"A essência da personalidade é a liberdade criativa em relação às suas próprias condições de experiência e evolução. (...) A personalidade é um ginasta espiritual cujo objetivo é a liberdade e a harmonia da vida interior pelo refinamento e a sublimação... Se este objetivo é assegurado pela personalidade, todo o resto será uma dádiva a mais: paz, alegria, graça, bondade e todas as dádivas da vida" (22).

Assim, o objetivo da personalidade é a auto-realização, não num sentido egoísta, mas no de uma ordem holística universal.

O sofrimento, a dor e a tristeza "servirão em última instância para acelerar o progresso holístico da personalidade, serão assimilados e transformados na alquimia espiritual da personalidade e alimentarão a chama da alma pura e livre"(22).

Um ponto bastante importante é como Smuts encara o papel da formação moral e da ética, vistos sob o ângulo holístico:

"Embora a disciplina moral desempenhe um papel importante na evolução pessoal, não se deve no entanto supor que a personalidade deva ser para sempre oprimida por um senso drástico de dever, e que se deva ouvir para sempre as reverberações trovejantes do imperativo categórico.

... A personalidade altamente desenvolvida e disciplinada, pura e homogênea em si mesma, e em harmonia com o holismo universal, e por isto respondendo finalmente a todas as coisas verdadeiras, boas e lindas do universo, não só corporificará o antigo ideal grego de moderação e autocontrole, mas também tornará real o ideal estóico e epicurista de tranqüilidade da alma e, finalmente, de conhecer aquela paz de Deus que supera todo entendimento, que é a promessa suprema tanto da religião budista como da cristã.

A mensagem ética do holismo no homem se resume em duas palavras: liberdade e pureza'' (23).

Holismo universal como resposta à questão teleológica

Respondendo então à questão teleológica fundamental, Smuts cita Goethe: ''O motivo da vida é a própria vida''. Ele afirma mesmo que ''o Todo não conhece outra finalidade além ou fora dele mesmo. O objeto do movimento holístico é simplesmente o Todo'' (24).

Finalmente, Smuts amplifica ainda mais o conceito de holismo, dando-lhe um caráter eminentemente universal. Até agora, o holismo foi apresentado como ''a última atividade do universo, sintética, ordenadora, organizadora e reguladora, que explica todos os agrupamentos e sínteses estruturais que nele existem, desde o átomo e as estruturas físico-químicas até a personalidade humana, passando pela célula, pelos organismos e pela mente dos animais. O caráter de unidade ou totalidade sintética que tudo permeia e que está em constante crescimento nestas estruturas nos leva a um conceito de holismo como a atividade fundamental subjacente e coordenando todas as outras, e a uma visão do universo como um universo holístico'' (25).

Smuts se mostra perfeitamente consciente das objeções que sua conceituação pode suscitar no mundo científico. Por isto mesmo, insiste em mostrar que o holismo é tão científico quanto o conceito de vida ou de mente. Afirmar que o universo está em evolução implica um embasamento explicativo teórico que possa formular claramente e explicar este esquema científico. A visão mecanicista se revela insuficiente para explicar o processo evolutivo. Só o holismo permite dar conta disso, sobretudo depois que a física moderna colocou o universo físico sob o signo da ação e que a relatividade levou ao conceito de espaço-tempo como meio dessa ação. O caráter criativo do holismo dá a esta ação um caráter estruturante próprio ao espaço-tempo, estruturação de ''campos'' cada vez mais abrangentes.

Smuts mostra então como a ignorância de duas características essenciais do holismo, a saber, o caráter criativo da evolução e a estruturação criativa progressiva de pequenos conjuntos, explica certos erros fundamentais de correntes de pensamento e de concepções conhecidas a respeito do mundo, como o naturalismo, o idealismo, o monadismo e o pluralismo espiritual ou panpsiquismo. Ele reconhece que o monadismo de Leibnitz tem uma certa conotação holística, mas não aceita a afirmação de Leibnitz segundo a qual as estruturas químicas e atômicas conteriam elementos espirituais. Para Smuts, embora reconhecendo a presença da mente ou do espírito no universo, este seria "algo recente na ordem evolucionária das coisas" (26).

A obra de Smuts termina com algumas perguntas fundamentais. Entre elas, convém ressaltar a seguinte: "Podemos dizer que existe uma Totalidade, uma Totalidade Suprema, da qual todas as totalidades menores são apenas partes ou órgãos? E se há essa Totalidade de totalidades, como pode ela ser concebida? Deve-se concebê-la como analogia de um organismo, a Natureza? Ou ela deve ser concebida como analogia da mente e da personalidade? Ou estas duas concepções são inadmissíveis e há algum outro meio de conceber o sistema de conjuntos na sua síntese atual e possível?" (27).

A resposta a este primeiro conjunto de perguntas é que "a natureza é holística sem constituir uma verdadeira totalidade" (28). A natureza se torna orgânica graças à intensificação do seu "campo total"; este campo provém da união criativa de todos os campos de todos os conjuntos, sejam eles físicos, vitais, mentais ou da personalidade.

A última pergunta se refere à questão teleológica: há na evolução um propósito interno oculto, o que implicaria a existência de uma mente por detrás deste? Smuts se eleva contra esta concepção, que implicaria a existência de uma espécie de Personalidade Transcendente; se de fato ele constatou que todo conjunto é algo novo em relação às partes, algo criativo, que transcende de longe a simples soma das partes, o mesmo se pode dizer do Grande Todo Transcendente; seria abusar da linguagem chamá-lo de Personalidade Transcendente, assim como à personalidade humana.

Segundo ele, não há necessidade de evocar uma mente ou uma personalidade; mas sim de constatar que "há algo de orgânico e de holístico na natureza que dá forma aos seus fins e dirige o seu curso. Sem formar um organismo ou uma mente, a totalidade dos conjuntos que compõem a natureza desenvolve um campo orgânico que se mostra suficiente para controlar o seu movimento criativo" (30).

Esse movimento criativo não ocorre por acaso, mas faz parte de um conjunto holístico que lhe dá direção e controle, o qual constitui justamente o que se entende pela metáfora de finalidade ou teleologia.

Smuts termina seu livro com uma série de conclusões bastante otimistas quanto à evolução: "É da natureza do universo progredir de maneira vagarosa, porém num constante crescimento, e alcançar inteireza, plenitude e bem-aventurança'' (31). E eis sua última afirmação, que resume muito bem, numa frase lapidar, toda a sua obra: ''O emergir e o auto-aperfeiçoamento de totalidades na Totalidade é o processo lento mas sem falhas e a finalidade deste universo holístico''.

Muito do que Smuts descreveu permanece atual hoje, embora sua obra tenha caído no ostracismo e só tenha sido lembrada recentemente por Ken Wilber (47).

Vamos agora traçar o perfil da visão holística atual, pelo menos tal como ele se apresenta a nós.

A visão holística contemporânea: o novo paradigma

Retomemos agora as idéias essenciais de Smuts para ver como elas coincidem ou divergem dos dados atuais da ciência e dos pontos de vista das tradições sapientais. Ao fazê-lo, estaremos ao mesmo tempo delineando o novo paradigma holístico.

Comecemos por examinar o assunto central, o ponto de vista evolutivo.

A continuidade evolutiva

A visão holística de Smuts, segundo a qual há uma continuidade entre matéria, vida e mente, tende a ser confirmada pela descoberta científica. O elo é o conceito de energia; a evolução é o fato da transformação da energia. Em recente trabalho de síntese, G. Norel mostrou como, ''por intermédio da energia que subentende a evolução inteira, a vida reconciliou matéria e espírito: de um lado, mostrando que a vida é energia tomada à matéria; de outro, procurando explicar como ela foi capaz, sob sua forma humana, de se transformar em pensamento e em *élan* vital para se orientar em direção a uma ascensão psíquica da humanidade.

Esta ascensão se opera sob a ação de duas correntes paralelas que atuam em níveis diferentes:

Uma propulsão natural orgânica, devida ao fato de a dinâmica do vivente se exercer sempre sobre a espécie mais evoluída. Sabemos que ela é atualmente de ordem psicossocial: à melhora das estruturas cerebrais individuais sucede o surgimento de super-organismos coletivos...

Uma atração espiritual que incite a humanidade a se superar e a se completar'' (48).

Norel nos fornece um modelo genérico que mostra a dinâmica destas duas correntes (Figura. 1). Segundo ele, o ciclo evolutivo comporta as seguintes fases: 1. Energia através de um processo de criação transforma-se em matéria; 2. A vida potencializada na matéria atualiza-se; 3. O psiquismo potencializado na vida atualiza-se; 4. Desmaterialização de todo o processo e volta ao estado de energia.

Ele conclui dizendo que as observações científicas e o pensamento metafísico se orientam e caminham na mesma direção (49).

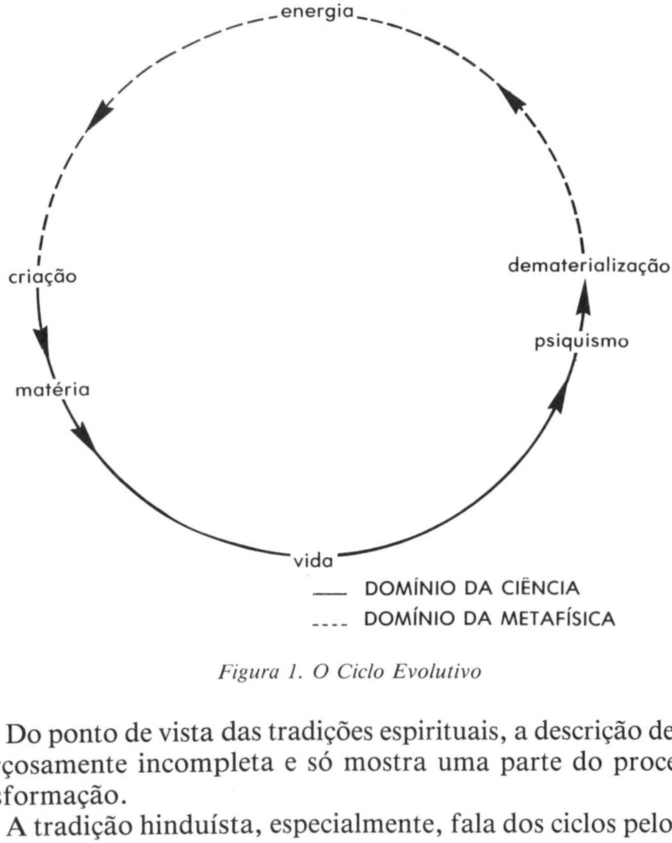

Figura 1. O Ciclo Evolutivo

Do ponto de vista das tradições espirituais, a descrição de Smuts é forçosamente incompleta e só mostra uma parte do processo de transformação.

A tradição hinduísta, especialmente, fala dos ciclos pelos quais se efetua o processo cósmico, numa constante repetição que vai da *emanação* do Absoluto Brahman no mundo relativo (Brahma), seguido de uma força que tende à *conservação* (Vishnu) do que foi criado, mas que acaba forçosamente cedendo a uma força destrutiva ou de *reabsorção* do plano relativo da matéria (Shiva) no Absoluto Brahman.

Uma velha lenda hindu relata que houve um tempo em que todos os homens eram deuses. Mas eles abusaram tanto da sua divindade que Brahma, o mestre dos deuses, tomou a decisão de lhes retirar o poder divino; resolveu escondê-lo num lugar onde seria absolutamente impossível reencontrá-lo. Mas o grande problema era encontrar um esconderijo.

Brahma convocou então um conselho dos deuses menores para resolver o problema: "Enterremos a divindade do homem na terra", foi a primeira idéia dos deuses. "Não, isto não basta, pois o homem vai cavar e encontrá-la", respondeu Brahma.

Então os deuses retrucaram: "Então joguemos a divindade no fundo dos oceanos". Mas Brahma não aceitou a proposta, pois achou que o homem um dia iria explorar as profundezas dos mares e a recuperaria.

Então os deuses menores concluíram: "Não sabemos onde escondê-la pois não existe na terra ou no mar lugar que o homem não possa alcançar um dia".

Então Brahma se pronunciou: "Eis o que vamos fazer com a divindade do homem: vamos escondê-la na maior profundeza dele mesmo, pois é o único lugar onde ele jamais pensará em procurá-la".

Desde esse tempo, conclui a lenda, o homem fez a volta da Terra, explorou, escalou, mergulhou e cavou, em busca de algo que se encontra nele mesmo.

Assim, este ciclo não seria, nada mais nada menos, do que um vasto jogo de "esconde-esconde", em que o Absoluto se limita, se abstrai dele mesmo, se esconde, para depois se reencontrar. É o que chamamos de *hololudismo*.

Justamente em virtude desta continuidade entre manifestação, conservação e reabsorção, tudo indica que estes ciclos são apenas visões relativas, pois no plano absoluto nunca houve separação alguma; num plano relativo pode-se dizer que as ondas do mar são separadas umas das outras, mas no plano absoluto só existe o mar; as ondas são e sempre foram o mar; nós somos ondas à procura do mar, pois esquecemos que somos o mar. Este tema foi objeto de um conto, que escrevemos para expor a questão de maneira metafórica (50). Quando uma onda olha a outra, ela se vê separada, e nasce então a fantasia da sua existência como ser isolado dos outros seres; esta heteroscopia num plano relativo das ondas ou dos seres humanos é apenas o fato de o ser ou o espírito se contemplar a si mesmo. É o que chamamos de *holoscopia*. Este termo evita transformar o ser numa personalidade, o que seria uma projeção antropomórfica grosseira, chamada de hipostasia na tradição cristã.

Assim sendo, todas essas descrições de ciclos são visões relativas, criadas pela nossa própria mente para explicar o funcionamento do cosmo; embora os encontremos também em outras culturas, como por exemplo no judaísmo, onde se chamam *shemittah*, eles fazem parte ainda do mundo dos fenômenos, isto é, etimologicamente, do mundo das aparências; isto explica por que o budismo, embora os tenha também adotado, não se preocupa com eles e insiste em descobrir a nossa própria natureza, que, tal como o universo, é vacuidade, uma vacuidade muito especial, pois não é um nada sem ser alguma coisa; só a vivência transpessoal ou holística, fora de toda espécie de conceituação, pode permitir alcançar esta realidade última.

A física quântica está bem de acordo com o ponto de vista budista: nosso universo provém da vacuidade e a ela retorna, se olharmos as coisas de um ponto de vista temporal; mas, de fato, tudo é vacuidade luminosa, e a todo instante, segundo a tradição, podemos voltar a esta realidade última. O tecido do universo é a própria vacuidade.

Como mostra David Bohm, o mundo fenomenal está em constante *holomovimento*, isto é, há uma predominância do conceito de fluir sobre o de coisas sólidas ou de objetos. O mundo é para ele "um conjunto indivisível em movimento fluente"[(51)].

Este físico, amigo e discípulo de Einstein, diz que todas as formas são em última instância expressão de uma ordem implícita. Matéria e mente são inseparáveis, e apenas aspectos diferentes do mesmo conjunto. Ele reconhece no entanto a existência de uma relativa autonomia do mundo atômico e dos seus padrões de existência; mas ao mesmo tempo nada pode ser inteiramente separado ou fragmentado. As partículas subatômicas estão numa relação paradoxal entre si; conforme o modelo do holograma (chapa fotográfica cujas partes reproduzem o todo em três dimensões), as partículas atômicas conteriam o plano do conjunto de todos os universos.

Segundo um outro modelo quântico, cada partícula seria ao mesmo tempo todas as outras partículas; o que afeta uma afeta também as outras. Deste ponto de vista, não se pode falar em comunicação, pois seria ainda uma relação causal linear; há uma espécie de ressonância sem emissão-recepção de qualquer coisa que seja. É o modelo chamado *bootstrap*.

Qualquer que seja o modelo, a física moderna apóia inteiramente a idéia de continuidade subjacente à aparente descontinuidade. Demos a este princípio o nome de *holocontinuum*.

O conceito de *holocontinuun* é aliás mais abrangente, pois expressa a continuidade entre o ser e a existência, que se traduz na experiência do mundo fenomenal pelos seres. É uma questão fenomenológica levantada por Heidegger e muito trabalhada pela linha Dzog Chen do *Vajrayana* tibetano, que é a forma mais adiantada do budismo. Como o ser passa a existir?

Podemos agora resumir o novo paradigma, o paradigma holístico, citando a definição adotada pela Universidade Holística Internacional (UNHI) em 1986, em Paris:

"Este paradigma considera cada elemento de um campo como um evento refletindo e contendo todas as dimensões do campo (cf. a metáfora do holograma). É uma visão na qual o todo e cada uma de suas sinergias estão estreitamente ligadas em interações contantes e paradoxais" (52).

Com esta definição, terminamos a descrição do que podemos chamar de *visão holística da realidade*. Convém distinguir esta visão holística da *abordagem holística*, de um lado, e da *experiência holística*, de outro.

Se tivéssemos de apresentar um resumo extremamente suscinto de cada um desses aspectos da holística, eis o que nos ocorreria escrever. Desenvolvimentos maiores poderão ser encontrados nos nossos dois últimos livros (34,53).

1. *A visão holística*

Fundamentados no paradigma holístico tal como acabamos de definir, podemos resumir o conceito de visão holística da realidade apoiados nos seguintes princípios essenciais. Esta visão constitui o resultado de uma primeira tentativa de aproximação entre a pesquisa científica e as tradições sapientais.

— A *dualidade sujeito-objeto* e a *separatividade* são resultado de uma *fantasia* da mente e só têm um valor relativo. Esta fantasia leva e está interligada a sentimentos e emoções destrutivos da hamonia e da ecologia interna e externa (apego e possessividade, agressão e violência, vaidade e orgulho, ciúme e competição, além do medo e da depressão).

— Há uma continuidade ou *holocontinuum* do ser na existência sob forma da experiência do mundo pelos seres. Os seres e o mundo que eles experimentam são ambos os próprios seres em holoscopia.

— Todos os fenômenos são apenas aparências formais de um holomovimento, constituindo um *hololudismo* que se carateriza por uma *holocoreografia* e uma *holosinfonia*, do qual faz parte o constante fluxo alternando da *evolução* e da *involução*. A involução é a aparente fragmentação do Absoluto no mundo relativo; a evolução se processa por uma volta da fragmentação ao mundo absoluto, pela formação criativa de conjuntos inter-relacionados cada vez mais abrangentes.

— O *sentido teleológico* da existência humana consiste, através do restabelecimento da harmonia progressiva interior, em dissolver a separatividade fantasmática eu-mundo através da experiência holística ou transpessoal, que leva consigo os grandes valores de beleza, verdade e amor.

— A *experiência holística ou transpessoal* tem um caráter inefável, pois se situa num domínio que transcende a linguagem e o raciocínio lógico. O próprio termo "experiência" é inadequado, pois neste nível inexiste a diferenciação sujeito-objeto. Sem esta vivência, a visão holística permanece meramente intelectual. Existe um consenso entre as pessoas que passaram por essa vivência; entre outras características, podemos citar: saída do tempo-espaço, vivência de luz, desaparecimento de toda dualidade interior-exterior, vivência paradoxal do Todo em todas as partes, vivência de amor e compaixão universal, posterior mudança do sistema de valores (55).

— A *lógica formal clássica* ligada ao antigo paradigma newtoniano-cartesiano corresponde às leis da macrofísica. A visão holística implica uma nova lógica que integra a não-contradição *e* a contradição num só sistema. A sistemologia de Stephane Lupasco responde a essa necessidade (54).

— *A vivência da realidade* é função direta do estado de consciência em que nos encontramos. Nos estados de vigília, de sonho e de sono, só vivenciamos uma realidade fragmentada e relativa. Só o estado de superconsciência permite a visão holística, onde a oposição entre realidade relativa e absoluta é transcendida.

— A visão holística *não pode, por conseguinte, ser produto de apenas uma interpretação intelectual.* Por isso, necessita de uma abordagem holística.

2. *A abordagem holística.*

Para se conseguir uma visão holística integral é indispensável combinar dois enfoques de modo harmonioso: o enfoque da *hologia* e a *holopraxis.*

— A *hologia* consiste no estudo teórico do antigo e do novo paradigma, das suas conseqüências na vida humana; ela se estende também à descrição da vivência holística, permitindo, no momento oportuno, reconhecer as diferentes vivências como normais para o nível evolutivo alcançado. No início, ela permite preparar o intelecto para aceitar e mesmo cooperar para que a vivência holística emerja. Ela integra o estudo dos textos tradicionais e das pesquisas científicas.

— A *holopraxis* é o conjunto de métodos que levam à vivência holística ou transpessoal. Podemos distinguir três tipos de holopraxis:

— *Aplicação da visão holística na sociedade.* Enquadram-se nesta categoria todas as iniciativas que tendem a construir pontes sobre todas as fronteiras: internacionais (ONU, UNESCO, cidadãos planetários etc...), religiosas (movimentos ecumênicos, por exemplo), culturais (encontros interdisciplinares e transdisciplinaridade), profissionais (encontros interprofissionais, desenvolvimento de espírito de equipe e de cooperação etc...) e políticas (encontros interpartidários e transpartidarismo).

Embora possua utilidade indiscutível e tenha sido iniciativa de homens de espírito elevado, este aspecto da holopraxis fica em nível superficial, pois raramente chega ao âmago ou à raiz do conflito.

— *Holopraxis da vida cotidiana.* Todas as tradições estão de acordo em que o meio mais eficiente para alcançar a visão holística, e sobretudo a vivência holística, é praticar uma vida harmoniosa, com abertura generosa, prática dos valores éticos, paciência, perseverança, atenção, discernimento, amor altruísta, ajuda aos necessitados, alegria de viver e dar felicidade aos outros e espírito eqüânime, tanto na vida pessoal como profissional ou social.

— *Holopraxis íntima.* É o conjunto de métodos orientais e ocidentais para despertar a vivência transpessoal. Entre eles podemos citar a ioga sob suas diferentes formas, o tai-chi, as lutas marciais, particularmente o aikidô, as diferentes formas de meditação.

É claro que a conjugação destas três espécies de holopraxis reforça-as entre si.

Umas vez que estejam profundamente engajadas na holopraxis, as pessoas podem pensar na aplicação da abordagem holística em determinados ramos profissionais. Assim, pode-se falar em abordagem holística em: epistemologia, educação, psicoterapia, medicina, política, economia, administração de empresas e organizações, paz mundial.

A maioria destes assuntos serão, de uma maneira ou outra, abordados por diversas personalidades nas páginas que se seguem.

Referências Bibliográficas

(1) SMUTS, J. C. *Holism and evolution.* Connecticut, Greenwood Press, 1973. (Primeira edição, Londres, MacMillan, 1926).
(2) FADIMAN J., FRAGER R. *Teorias da personalidade.* São Paulo, Harbra, 1979.
(3) Cf. 1, p. V.
(4) *Ibid.*
(5) Cf. 1, p. 1.
(6) Cf. 1, p. 21.
(7) Cf. 1, p. 35.
(8) Cf. 1, p. 36.

(9) Cf. 1, p. 59.
(10) Cf. 1, p. 59.
(11) Cf. 1, p. 86.
(12) Cf. 1, p. 86.
(13) *Ibid.*
(14) *Ibid.*
(15) Cf. 1, p. 87.
(16) Cf. 1, pp. 106-107.
(17) Cf. 1, pp. 109-110.
(18) Cf. 1, pp. 223.
(19) Cf. 1, p. 224-225.
(20) Cf. 1, p. 253.
(21) Cf. 1, p. 275.
(22) Cf. 1, p. 315.
(23) Cf. 1, p. 314.
(24) Cf. 1, p. 315.
(25) Cf. 1, p. 317.
(26) Cf. 1, p. 331.
(27) Cf. 1, p. 338.
(28) Cf. 1, p. 340.
(29) Cf. 1, p. 343.
(30) Cf. 1, p. 342.
(31) Cf. 1, p. 345.
(32) Cf. 1, p. 345.
(33) WEIL, P. "Holistique. Un mot nouveau pour une ère nouvelle". In: *Cannes Sources*, 8, novembro-dezembro 1986, pp. 36-38.
(34) WEIL, P. *A neurose do paraíso perdido*. Rio, Espaço-Tempo (Vozes), 1987.
(35) ROBERT. *Dictionnaire de français*. Paris, 1972.
(36) *Novo Michaelis*. São Paulo, Melhoramentos, 1964.
(37) AURÉLIO BUARQUE DE HOLLANDA FERREIRA. *Pequeno dicionário da língua portuguesa*. Rio, Civilização Brasileira, 1964.
(38) LARROUSSE. *Grande Larrousse encyclopédique*. Paris, 1960.
(39) CUVILLIER, A. *Nouveau vocabulaire philosophique*. Paris, A. Colin, 1956.
(40) KUHN, Th. S. *The structure of scientific revolutions*. Chicago, University of Chicago Press, 1970.
(41) Cf. 40, p. 10.
(42) Cf. 40, p. 11.
(43) Cf. 40, p. 65.
(44) CAPRA, F. *O ponto de mutação*. São Paulo, Cultrix, 1986, p. 172.
(45) Cf. 44, pp. 180 e segs.
(46) WEIL, P. "Abordagem holística em medicina". In *Revista Brasileira de Medicina*, fevereiro de 1987.
(47) WILBER, Ken. *Up from Eden. A transpersonal view of human evolution*. Boulder, Shamballah, 1983.
(48) NOREL, G. *Histoire de la matière et de la vie. Les transformations de l'énergie et l'evolution*. Paris, Maloine, 1984, p. 269.
(49) Cf. 48, pp. 270.
(50) WEIL, P. *Ondas à procura do mar*. Rio, Agir, 1987.

(51) BOHM, D. *Wholeness and the implicate order*. Londres, Routledge and Kegan, 1980, p. 11.
(52) Université Holistique Internationale. Charte, Paris, 1986.
(53) WEIL, P. "A nova linguagem holística". Espaço Tempo, Cepa, Vozes, Rio, 1987.
(54) LUPASCO, S. *Les trois matières*. Paris, Julliard, 1960.
(55) WEIL, P. *A consciência cósmica*. Rio, Vozes, 1982.

3

A CIÊNCIA FACE AOS CONFINS DO CONHECIMENTO

Michel Randon

A unidade do universo, esta famosa visão holística, é, em definitivo, o que associa ciência e tradição. Cada uma tem sua abordagem e cada uma permanece em seu espaço respectivo.

As duas declararam que o casamento não estava próximo, mas que, sem esquecer os proclamas oficiais, poder-se-ia começar por uma declaração comum. Por quê? Porque estas entidades veneráveis, Ciência e Tradição, não podem repensar o diálogo sem causar um empobrecimento mútuo.

Todas as coisas têm seu tempo de maturação. Não sei se diante do caráter milenar da tradição, a ciência já atingiu sua maturidade, mas o tempo hoje acelerou-se prodigiosamente. Digamos que a ciência toma consciência de suas responsabilidades.

A partir daí, o público, o grande público, mal percebe onde se situam as diferenças grosseiras que podem converter os velhos tempos em novos. A análise da "Declaração de Veneza" é, em si, reveladora dos detalhes. Do ponto de vista global, ela afirma o fim da visão reducionista e o começo de uma era em que o cientista ergue o nariz para além de seu laboratório e de seu microscópio, para reunir o que vê e o que sabe como homem ao mesmo tempo terrestre e celeste.

O Colóquio de Tsukuba, no Japão, em 1984, talvez pudesse ter permitido este encontro, porque nunca antes se tratou tanto de harmonia e de energia. Mas esses conceitos foram quase exclusividade dos colegas japoneses. A maioria dos cientistas ocidentais recusou, em conjunto, associar-se a uma visão que não fosse redutível à observação dos laboratórios. Como dizia o professor René Thom, como conclusão de uma eminente palestra, a do professor hindu Raja Rao, "mesmo na Índia, as vias férreas têm dois trilhos". Por que este sacrossanto paralelo dos opostos deveria ter um sentido diferente do da geometria clássica? E foi assim que este colóquio permaneceu em seu estado de discurso paralelo sem que o pensamento ocidental fizesse um esforço para encontrar o pensamento oriental.

Em contrapartida, o Colóquio de Veneza é um acontecimento. E, no entanto, frente aos representantes de dezesseis nações diferentes, este colóquio deveria ter simbolizado a confusão da Torre de Babel. Foi, ao contrário, a Torre da União. Esta declaração comum foi longamente elaborada e debatida, palavra por palavra. Cada termo foi discutido, como se, assinando esta declaração, cada um considerasse este engajamento uma parte de si mesmo. Ao contrário de Tsukuba, tinham consciência, em Veneza, da gravidade dos tempos e da importância do momento. Teria sido catastrófico se, depois de Córdoba e Tsukuba, cada um partisse, mais uma vez, de acordo somente em relação às divergências.

Na história da ciência e da filosofia, o Colóquio de Veneza aparecerá como uma grande virada. Marcará época. Dirige-se, com urgência, para os Novos Tempos, os que preparam o futuro de que falava André Malraux: que será metafísico ou não existirá. Dito de outra forma, é o reconhecimento de que o real não é somente uma quantidade, mas a emanação de uma qualidade. E seríamos tentados a dizer: procure a qualidade e encontrará o resto. O "resto" é simbolizado pela palavra "integração", que se opõe à palavra "desintegração". Sabemos que "desintegração" combina com o terror absoluto, mas temos consciência de que integração combina com harmonia ...? Trata-se de uma saída do inferno e da visão de um novo Éden, o fim de uma "ciência sem consciência"? Esperemos.

Parece uma linguagem conhecida, mas temos muito a fazer para mudar o curso das coisas e da história. Não podemos esquecer que vivemos sempre as conseqüências do que projetamos. "Desconfie dos pensamentos que colocar em sua cabeça, porque com eles passará toda a sua vida", diz um provérbio hindu. Ora, um pensamento reducionista cria um mundo à sua imagem. Não estamos provavelmente prontos para compreender um pensamento holístico, que não separa mais a parte do todo, mas temos de agora em diante um caminho traçado. Cabe a nós dar-lhe sua dimensão vital, seu poder de regeneração criativa.

Em certo sentido, esta união de pensamentos ultrapassa o quadro de um colóquio, por mais importante que seja. O reducionismo e o espírito totalitário ainda não estão mortos. A nova física não é a de todos os físicos. A "Declaração de Veneza" é um acontecimento de grande importância, mas a revolução ainda não chegou.

Córdoba, Tsukuba, Veneza, três lugares, três cidades e também três símbolos. Córdoba foi, durante três séculos, a cidade farol do

Islã, o pólo dos conhecimentos. Tsukuba tornou-se um nome dos tempos modernos, o de uma exposição que simbolizou o pólo das ciências do futuro e da tecnologia. Veneza é a cidade dos doges, onde cada ano se celebrava o casamento entre a água e o céu. O doge jogava um anel de ouro ao mar em sinal de aliança.

Este símbolo é também o do Colóquio de Veneza, que ocorreu em uma pequena ilha, a ilha de San Giorgio, onde se localiza a Fundação Cini. A ilha é, como o cume da montanha, um lugar de recolhimento. Para enxergar longe, para ser um navegante conquistador, um guerreiro do espírito, é preciso um retiro individual. Nenhum lugar seria mais conveniente do que Veneza para celebrar esta nova associação entre ciência e tradição.

O casamento ainda não foi celebrado, não passamos das discretas premissas que significam: é tempo de pensar que tudo leva a nos unir e que precisamos estudar as modalidades desta eventual união. Mesmo assim, foi dado um grande passo. A declaração oficial é um sinal parcial, mas significativo, do profundo consenso existente entre seus membros. O espírito de Veneza realmente existiu.

As fronteiras do conhecimento são tão ínfimas quanto as do proibido. A abordagem científica só abre fronteiras como as da psicologia. O "Eu não estou no mundo" do poeta se impõe a todos como o caminho entre todos os caminhos. Nosso tempo abre as grandes questões à imagem de um novo arco onde se rompem os limites entre o sagrado e o profano, a ciência e a fé, o saber e o conhecimento, o experimental e o sutil.

Os cientistas, os psicólogos, os filósofos contemporâneos tornam-se, queiram ou não, os homens das novas fronteiras. Este prodigioso ilimitado das questões é como a porta sem porta do zen: a pergunta contém nela mesma a resposta. A reflexão está aberta. Uma nova maiêutica se desenha então, e consiste mais em questões que possam ser colocadas do que nas próprias respostas. O "Eu não estou no mundo" ressoa como "Não há nenhuma diferença entre o mundo e eu". Mas este reconhecimento do homem que toma consciência de que é a alma do mundo é certamente um abismo semelhante àquele em que vivem os maiores místicos. Ora, temos um medo intrínseco das grandes questões, como do próprio infinito. Queremos discutir as propriedades do inferno ou do paraíso, mas não gostaríamos de entrar neles. Nossa certeza consiste em esconder nossas incertezas, em deixá-las à sombra favorável do desconhecido. Assim, o objeto da ciência consiste em não fixar limites, enquanto os cientistas são incessantemente levados à fronteira do conhecimento, onde ressoam as grandes questões que propiciam uma nova visão da realidade, de nós mesmos e do mundo sob a forma de uma unidade profunda e ativa de todas as coisas e de todos os seres.

O positivismo do século XIX, nossa herança tirânica, se esfuma. O homem objeto, a coisa objeto, descobrem que possuem um imaginário sem limites; que o universo, como as matemáticas, é só um campo de possíveis. Não há mais a pedra fundamental, mas um Todo que é em si mesmo uma pedra de um Todo maior, e assim por diante. É o que chamamos hoje de *visão holística.*

O novo realismo dos físicos consiste em não mais separar a natureza interior da natureza exterior das coisas. O universo é a imagem dos óculos que colocamos para enxergá-lo. Mas ele vive muito bem a sua realidade, para além das nossas observações, que substituem a natureza do real por nossos conceitos do real.

Neste sentido, o novo espírito científico manifestado em Veneza se situa, por definição, em todos os limites. Limites da observação, da definição, dos conceitos de espaço-tempo, do dizível, do observável, do compreensível. Sabemos que nesta nova e nobre estrada, a descoberta do real tal como ele é ultrapassa o homem que não dispõe de olhos para enxergar. É sem dúvida a via das revelações que readquire seus direitos... Não somos mais cosmonautas do universo, que, tal como um anel de Moebius, se volta contra nós e se nos revela.

Quando, neste Colóquio de Veneza, se afirma o princípio unitário da natureza, isto significa que todo método científico e filosófico muda. Quando Henry Stapp diz que o pensamento é ato, isto corresponde à natureza ao mesmo tempo sutil e fisiológica do pensamento. O que significa que não há nenhuma diferença entre a interação das partículas que descrevem os campos da energia e a interação de nossos pensamentos. Entre o universo sensorial e o universo do ser existe a mesma analogia que entre o universo mensurável e o aspecto quântico deste mesmo universo. O Jano de duas cabeças possui um só corpo, assim como o espaço-tempo é também um universo que descreve vários níveis da realidade sem separá-los.

Dito de outra forma, o colégio acabou: podemos passar aos estudos superiores. Criatividade não se aprende, é a escolha da criatividade que faz com que ela exista. No colégio, a linha reta encabeçava seu cortejo de paralelas. Einstein nos disse que toda reta é uma curva, a tradição nos diz que só existem curvas no universo, e a dança das curvas se chama ritmo, espiral, criação contínua ou neguentropia. A curva é a dinâmica do vivo (ver M. Randon, *La tradition et le vivant*). É a mais bela corda que o espaço-tempo faz vibrar: a criação continua.

Passamos então de um nível de realidade a outro, como passamos de um estado de ser a outro. Nossos estados de ser são ilimitados e, no entanto, nos pertencem. Assim como a ciência, não temos limites. O homem é um demiurgo que tem medo de seu próprio infinito. E, no entanto, o infinito é a primeira cláusula matemática. Todo fragmento de uma linha continua infinitamente e reconstitui seu infinito. Este infinito, podemos traçá-lo em um só gráfico, e este gráfico é uma linha horizontal atravessada por uma linha vertical, ou seja, uma cruz. Ora, os braços desta cruz são direcionados? Não, eles se unem em todos os sentidos, se diversificam, se voltam para todas as direções, do passado ao futuro, do futuro ao passado. E o centro desta cruz é um ponto sem direção, à imagem do infinito e do eterno, um tempo fora do tempo, isto é, um presente eterno.

Este presente *é*. Há cinqüenta anos os físicos pressentem um terceiro nível de realidade, freqüentemente chamado nível subquântico. A nova visão da física hoje é também chamada *bootstrap*. O físico Geoffrey Chew, da Universidade de Berkeley, compreendeu há muito tempo que o mundo das partículas oferecia uma única e mesma realidade: não a das partículas, mas a de suas interações. Se estas interações são idênticas, elas respondem a uma lei matemática. As quantidades astronômicas de acontecimentos idênticos são um único e mesmo acontecimento. Ora, este *acontecimento* último não é qualificável por um tempo qualquer. Ele, simplesmente, *é*. Este *ser*, ou esta constatação de uma só e única existência, Geoffrey Chew denomina um *acontecimento súbito*. Este acontecimento não é qualificável por nenhuma duração de tempo, por menor que seja. Isto é o *bootstrap*, palavra que significa que o sapato amarrado ao pé é indissociável deste último. Os próprios cadarços do sapato soldam a realidade em todas as suas partes. Mais uma vez, aparece a famosa visão holística.

Neste sentido, o Colóquio de Veneza representa um acontecimento inicial. Ele não se pronuncia sobre a realidade ou não da teoria do *bootstrap*, ele nos diz simplesmente que uma nova visão de mundo emerge e que não é proibido pesquisar.

Pesquisar é sobretudo tornar-se livre, à imagem da realidade, que é, ela própria, uma questão. Os novos tempos mudam precisamente quando não é mais proibido colocar as questões certas.

Isto é a verdadeira liberdade científica e a liberdade de ser propriamente dita. Os novos físicos não são místicos, mas se vêem confrontados com uma situação metafísica que é também uma dimensão: a das interações que refletem igualmente o coração e o sagrado. Quando participo do universo, só posso observá-lo através deste princípio de identidade que é o ser profundo. Eu estou diante do vivo, um outro vivo prodigioso que se ignora. O aviso assume uma multiplicidade de formas: posso refutar o que não é observável, dedutível, analisável. Mas minha refutação só reflete minha incapacidade de colocar uma questão mais ampla. A que se assemelha a realidade quando eu não a observo?

Ora, real combina com vivo. E este vivo é também uma entidade biológica, física, espiritual e psíquica na qual nada está separado. Independentemente de mim, o vivo modula suas forças, dá conta de todos os dados para se acomodar e em definitivo seguir seu caminho. A neguentropia leva vantagem sobre a entropia. O universo é movimento. E é ao mesmo tempo conseqüente, lógico, simétrico, e no entanto livre para inventar incessantemente novas formas do vivo. Neste sentido, a realidade cósmica, a matéria em seu conjunto, exprime uma liberdade de ser que é também a nossa. O homem não está determinado; neste mundo de interações, está livre para manifestar sua presença. Como diz Henry Stapp, "seu pensamento é ato". No campo aparentemente fechado da vida, do nascimento à morte, o homem adota ou não esta liberdade. Torna-se ou não uma força ativa ou repressiva para si ou para os outros. Não há dúvida de que o destino nos apresenta surpresas, mas o destino não é o acaso, nem a causalidade caolha, é uma visão incessantemente alimentada daquilo que consideramos real. E este real não antropomórfico tem o poder de nos lembrar de que realmente somos os filhos do Céu e da Terra.

Tsukuba demonstrou o divórcio entre os japoneses, para os quais a visão holística era familiar, e os ocidentais, que não compreendiam como esta visão poderia ser observável e mensurável.

Com Veneza, o determinismo mecanicista morreu. A partir daí, a ciência vive seu próprio movimento interno. Assim, diante do vivo, a liberdade de ser defende sua possibilidade de compreender o funcionamento preciso do vivo. De duas coisas uma: ou as partículas são sistemas banalmente automáticos com efeitos repetitivos, ou expressam uma qualidade, são inteligentes, digamos; ou ainda, sendo a vida a expressão de um Todo, as partículas exprimem uma atenção convergente diante deste Todo. Eddington nos diz que o universo é mental. As partículas possuem um tempo, um espaço e um futuro próprios. Constituem o que somos, mas são independentes de nós mesmos. Possuem, se assim podemos dizer, sua própria *personalidade*. No entanto, segundo Eddington, elas possuem um futuro, um sentido, uma *flecha do tempo* em sua escala, como nós possuímos em nosso próprio mundo.

Consideramos até aqui que existia um modelo determinado de realidade, composto de leis descobertas pela teoria, leis que, confrontadas pela experimentação, nos garantiam um modelo estável e objetivo do universo. Hoje não existe mais um modelo, mas inúmeros modelos de universo. Não existe nenhum lugar no mundo, diz a sabedoria, onde se possa repousar a cabeça. E é isso que caracteriza o físico moderno: não há nenhum lugar onde ele possa localizar uma teoria e dizer: "Esta é enfim a explicação do mundo". É por esta razão que não existe mais física enquanto tal, mas modelos físicos próprios de cada físico. Uma "física dos físicos", uma física dos possíveis. É uma sensação ao mesmo tempo consoladora e vertiginosa. É bom que nenhuma teoria, por mais terminada que esteja, não possa se fechar em um sistema. Aprendemos que o homem e a matéria têm uma qualidade comum: a liberdade. Com efeito, quando falamos do *campo dos possíveis*, não se trata de uma expressão poética ou abstrata; significa que cabe a nós, de certa forma, escolher em algum lugar o nosso destino. O universo é um jogo de espelhos que nos devolve as questões e os estados de ser que gostaríamos de submeter a ele, amplificando-os. "O universo", diz Heinsenberg, "nos aparece como uma rede complexa de acontecimentos na qual conexões de natureza diferente se alternam, se superpõem ou se combinam, e todavia determinam a estrutura do conjunto."

Sabemos hoje que o real é incompreensível, que é aparentemente uma expressão da energia ou ainda um domínio infinito que engendra um domínio igualmente infinito. Não estamos em parte alguma, senão num devir permanente, não temos objetivo diferente de uma flecha que é em toda parte um acréscimo: acréscimo de energia (neguentropia), acréscimo da informação, da consciência. Ou, como diz Stapp: "Uma partícula elementar não é uma entidade que existe independentemente. Ela é, na sua essência, um conjunto de relações que se unem no exterior às outras coisas".

Evidentemente, nem todos os físicos têm esta opinião. É difícil demonstrar a um físico que o modelo sobre o qual ele trabalha e ao qual ele consagra o melhor de si mesmo é só um modelo possível, entre outros. Fritjof Capra observa que é evidentemente certo que numerosos fenômenos possam ser isolados e descritos como objetos em si. Mas diz: "É uma idealização que só é válida para alguns domínios limitados da experiência". No fundo, e para além de semelhante observação, vemos surgir uma física que deve se encarregar dos problemas que não são aparentemente de sua competência, e que pertencem ao campo da filosofia e da metafísica. Stephen Hawking, especialista em gravidade e professor da Universidade de Cambridge, constata, como Fritjof Capra, que mesmo que a física chegasse a uma teoria unificada completa, só poderíamos "formular previsões detalhadas nas situações mais simples". A física tornou-se *incerta*, não só porque é impossível observar uma partícula sem que o observador modifique a partícula observada (princípio de incerteza de Heinsenberg, teorema de Bell), mas porque esta interferência cria um campo de relações entre o observador e a partícula. Nós criamos o acontecimento que queremos observar, mas, tendo criado este acontecimento, derivam daí efeitos que lhe são próprios, que interagem ao mesmo tempo sobre outros campos e sobre nós mesmos.

Temos aí um prodigioso tema para meditação. Em termos gerais, isto significa: posso acrescentar eu mesmo a eu mesmo, posso me observar observando-me, mas sou também observado no outro sentido que me observa. Sou ao mesmo tempo meu próprio espelho, "eu olho o que me olha", como diz Bernard D'Espagnat. O universo de todos os possíveis é introduzir em um possível uma realidade que se nos torna ao mesmo tempo comum, permanecendo uma realidade aberta. O que fazer quando a realidade tal como a imaginamos escapa diante de nós, enquanto não cessa de existir, definitivamente mais solar e impenetrável do que nunca?

Impenetrável, se quisermos aplicar a razão e as formas do espírito discursivo ao que, por essência, engloba nossa razão e nosso espírito. Nosso cérebro não nos permite conceber o infinito. Mas existe neste homem a própria inteligência do criado, a própria essência da criação. É então pela via qualitativa, pelo retorno à essência, que podemos, do interior, nos sentir cosmonautas do universo e descobrir suas leis.

Era inevitável que, atingindo um impasse, a ciência redescobrisse a consciência. Quando não é mais possível dar uma ajudazinha forçada para arrumar a ordem do mundo e integrá-lo à força nos limites da causalidade, é preciso dizer que as coisas são o que são e não de outra forma. A partir daí, pode-se retomar a posição de pesquisador e colocar-se de novo todas as questões, mas deixando as velhas idéias objetivas no armário.

Foi o que fizeram em Veneza certo número de físicos e pesquisadores dos domínios mais vastos da ciência, da psicologia, das ciências humanas ou da religião. E neste sentido o Colóquio de Veneza foi um acontecimento de uma importância considerável, onde, finalmente, pela primeira vez foi feita a partilha entre os pesquisadores da nova consciência e os teóricos da filosofia positivista e materialista. A onda de choque é imensa. A grande revolução que vivemos emana dos próprios cientistas. Eles constatam que chegamos ao limite de nossas possibilidades de conhecimento científico enquanto modalidade única e exclusiva do conhecimento.

Surge então não somente uma nova consciência das coisas, mas uma nova consciência desta própria palavra, como se o universo só tivesse em definitivo um sentido: ser ele mesmo, em todas as suas partes, consciência. Uma consciência ao mesmo tempo terrena, universal e transcendente, onde as palavras, as idéias, os seres, as células e os átomos cessassem de existir cada um por si e redescobrissem seu *continuum* comum. Tal é o movimento que traz este livro, como uma questão ligada a este fio difícil onde a árvore não deve esconder o fruto, onde o conceito não deve mais encobrir o Todo. O livro da natureza não oferece somente belas páginas, mas novas compreensões. A ciência, seja qual for a sua forma, apresentará, sem dúvida, ainda durante muito tempo, uma dupla face e razões para crer que o mundo é um mecanismo cego onde reina a objetividade gelada do acaso. A outra face da ciência manifestada em Veneza não se dirige a nós como uma profissão de fé. Traz fatos novos, libera conhecimentos, fortalece interrogações e alimenta certezas. Trata-se de uma riqueza que é preciso laboriosamente encontrar, reunir, interrogar e fazer convergir. Não para solicitar os textos, mas para ver como os físicos, os biólogos, os astrofísicos, os antropólogos, os psicólogos e os filósofos presentes em Veneza estão reunidos, por seus próprios trabalhos e descobertas, nas fronteiras-limite, onde o antigo oscila no novo e onde o novo confirma o antigo.

4

A CIÊNCIA MODERNA EM TRANSIÇÃO CONCEITUAL

Ubiratan D'Ambrosio

"I have some respect for my ancestors, and believe they had more up in their sleeve than just the marvel of the unborn me."
D. H. LAWRENCE, 1921

Pela primeira vez, desde que se estabeleceram as bases do que se convencionou chamar de ciência moderna, nos séculos XVI e XVII, podemos ter uma visão global do modelo social que daí resultou e das conseqüências para a qualidade de nossa vida como indivíduos e como sociedade. O interessante é que a própria ciência moderna nos proporciona, através da avançada tecnologia de comunicação e de um complexo modelo político de interdependência, os meios para essa visão global. Ao analisarmos essa visão global, não podemos evitar uma grande preocupação. De fato, essa visão nos amedronta e, após uma reflexão mais detalhada, nos deixa pasmados, sobretudo pelas contradições internas resultantes do modelo de pensamento que serve de substrato ao chamado racionalismo científico. É nesse contexto crítico que desenvolveremos nosso tema.

Deixamos claro que por ciência entendemos um *corpus* de conhecimentos, organizados e hierarquizados de acordo com uma graduação de complexidade e de generalidade, elaborados pelo homem na sua ânsia de desvendar a ordem cósmica e natural, e de esclarecer o comportamento físico, emocional e psíquico do indivíduo e de outros: conhecer-me e conhecer-te. Esse *corpus* de conhecimentos está assim intimamente associado a concepções de natureza mitológica e cosmológica, sensorial e sensual, e naturalmente psico-emocional, e inegavelmente as incorpora.

O terreno em que germinam as reflexões que conduzem a essas concepções é o que chamamos *realidade*, que assim incorpora, de maneira absolutamente solidária, tudo como um todo: seres, idéias, emoções, coisas. São esses fatos que constituem a realidade holística como a concebemos. Nosso objetivo é entender o homem como fato nessa realidade de artefatos e mentefatos por ele próprio acrescentados e suprimidos, entender o homem como quase-criador, incapaz de criar uma nova realidade, mas capaz de criar novas formas de perceber e manejar, e, portanto, de modificar a realidade na qual ele se insere. A partir do *indivíduo* como fato concebido de uma realidade, procuraremos compreender o significado dos artefatos e mentefatos por ele mesmo concebidos e criados, e por ele agora integrados numa coletividade, transformados em fatos culturais. Ao mesmo tempo, procuramos entender o complexo de forças que moldam seu comportamento tanto como indivíduo, introspectivo no desvendar sua razão de ser, quanto como peça de uma coletividade, extrovertido como feitor do fato social e cultural. Naturalmente, a busca da compreensão e a própria busca do conhecimento que permite conceber e criar, e essa preocupação permanente com o eu e com o tu é a força vital sob a qual agimos. Estamos vivos na medida que nosso comportamento se traduz em *ação*, conceituada no produto dialético de conhecimento e comportamento. Sobre esses três componentes essenciais, REALIDADE, INDIVÍDUO e AÇÃO, baseamos nossas reflexões.

A busca natural de uma explicação para a realidade na qual o indivíduo está inserido leva-o a essa compulsão de saber, de esclarecer a ordem cósmica e natural, e de desvendar as forças que permanentemente o informam sobre o curso da realidade, forçando-o em direção a uma ação incessante. Essa compulsão para o saber vai mais além, e o homem procura transcender a sua própria extinção através do ato da criação. Como diz Pedro Lain Entralgo, "Todo indivíduo animal existe constantemente em direção à sua extinção", mas o homem é o único que tem consciência dessa extinção e que procura transcendê-la, e o faz criando e acrescentando novos fatos à realidade, realidade essa que ele pode no máximo perceber e manejar, induzindo-a a modificar-se, mas jamais recriar. O homem ocidental age na presença de um Criador onisciente e onipotente, que tem a sua imagem e que é capaz de criar novas realidades e, o que é ainda mais essencial, de realizar sozinho, sem necessidade de outro, a suprema criação, que é a sua própria imagem. O Criador, sem necessidade do tu, atinge a suprema criação. Isto se apresenta na tradição judaica e se reafirma com o cristianismo (o Verbo Divino se faz homem) e com o islamismo (o Verbo Divino se manifesta na palavra escrita do Corão). O homem intelectualmente oriundo da conjugação cultural greco-israelense ao redor do Mediterrâneo e de sua expansão universal, isto é, o homem chamado científico, racional, sabe que para criar sua própria imagem deve descobrir o tu, e somente assim, juntos, como co-criadores, ou, usando uma imagem de Xavier Zubiri, como quase-criadores, se aproximará do Criador ao compor sua obra máxima. É em direção a essa competição, de antemão frustrada, que o homem racional dirige sua energia criativa.

Criatividade envolve um conceito muito amplo para ser abrangido por uma definição, muitas vezes redundante, tal como seria dizermos "ter o poder e a habilidade de criar coisas", como são as definições que comumente encontramos. O conceito de criatividade indiscutivelmente projeta o homem no Criador, como muito bem colocam Jung, Mestre Eckart e outros místicos. Todas as maneiras de entender criatividade convergem para algo que escapa ao rotineiro, que rompe com o esperado e traz novas dimensões para um esforço. Ao utilizar habilidades, hábitos, perícias, enfoques já utilizados previamente, e ao conectá-los com novas dimensões que resultam de novas experiências, o indivíduo evolui em direção a uma liberdade total de condicionantes coletivos e atinge sua plena individualidade, retornando à sua disputa individual com o Criador. A maneira como essa energia criativa se manifesta e como se focaliza na produção de fatos novos, mentefatos e artefatos, é algo de fundamental importância na nossa ânsia de compreender esse elaborado processo mente-matéria.

Um conjunto de informações emanadas da realidade deflagra esse processo criativo extremamente complexo, e essa informação é processada globalmente, naquilo que Meredith Skura classifica como a dialética do pensamento inconsciente mesclado com o consciente, transgredindo limites acordados pela coletividade. Mais uma vez, é uma situação de conflito, agora do indivíduo com o tu coletivo. Mas é justamente na descoberta do tu que o indivíduo gera a frustração limitante de se identificar como não mais do que um quase-criador. E assim o Criador é antropoformizado no tu.

O reconhecimento do tu e o relacionamento entre os homens passam por uma profunda análise, decorrente das próprias contradições a que o mundo moderno nos conduz. Essas contradições resultam do que se convencionou chamar progresso. Armas que se desenvolveram para aumentar a capacidade de defesa do eu contra animais de outras espécies são usadas para agredir o tu da própria espécie; fontes de energia inventadas para ajudar o eu a se proteger de fenômenos naturais e intempéries e para melhor aproveitar recursos naturais através da utilização daqueles recursos já excluídos do ciclo vital da natureza são utilizadas para ameaçar e agredir o tu; meios de transporte rápido que permitiriam ao eu partir em socorro do tu necessitado e apreciar a beleza e a harmonia global da natureza neste planeta e nos demais astros são utilizados como instrumentos de agressão contra o tu distante; meios de comunicação que permitiriam um perfeito entendimento e a troca de experiências vividas pelo eu e pelo tu são ao contrário utilizados para penetrar na intimidade do dia-a-dia do tu e para intimidá-lo, chantageá-lo e subordiná-lo. Ao mesmo tempo que o homem pode viajar ao redor do planeta com transportes rápidos, confortáveis e acessíveis, ao indivíduo se impõe restrições ao direito de ir e vir, restrições de natureza política, moral e mesmo religiosa. Ao mesmo tempo que se conhece a matéria nos seus componentes mais básicos e que se é capaz de produzir fontes de energia que são como mini-sóis na Terra, essas mesmas fontes de energia são concentradas em artefatos militares e utilizadas como elemento de pressão política, aterrorizando populações inteiras e efetivamente representando uma ameaça para a própria continuidade da vida, em todas as suas formas, no nosso planeta. Técnicas avançadas de análise permitem penetrar no íntimo emocional das pessoas, liberando-as de tensões e pressões e permitindo o pleno usufruir de suas potencialidades. Mas, ao mesmo tempo, essas técnicas são utilizadas para manipular grupos de indivíduos, conduzindo-os a participar, individual e coletivamente, ativamente ou por consentimento passivo, de atos de violência da maior barbárie, tais como o genocídio e a tortura física e mental, em dimensão e intensidade jamais imaginadas em gerações anteriores, e que representam vergonha e culpa para cada geração. Meios inimagináveis de violência utilizam sofisticados avanços científicos e tecnológicos. E, talvez, o mais chocante dos resultados, uma destruição paulatina de inúmeras formas de vida no planeta, está ocorrendo em nome de algo confusamente chamado progresso. Aumenta-se a produção agrícola e se produzem desertos, busca-se regular os regimes fluviais e se provocam dilúvios, consome-se a seiva fóssil e favorecem-se reações sísmicas. Sistemas escolares mantidos para estimular e desenvolver a criatividade facilitam o aparecimento de sistemas marginais, que acolhem crianças frustradas e angustiadas e as encaminham para manipulações criminosas. Sistemas econômicos concebidos para uma melhor distribuição de riquezas, para uma repartição igualitária dos frutos do trabalho coletivo, vêm reforçar desigualdades e injustiças, gerando e estimulando mecanismos de exploração do homem pelo homem e elevando o dinheiro a uma posição de poder absoluto. A mídia nos cerca de ilusões e fantasias, e princípios e ideologias são criados para justificar e propor explicações, numa tentativa de não nos deixar reconhecer um mundo infeliz, inseguro, injusto. Ao chegarmos a um semáforo, esperamos que a luz esteja verde para não sermos assediados por crianças de sete ou oito anos que vendem limão ou simplesmente pedem esmola, num país em que a educação primária, de oito anos de duração, é compulsória e obrigação do Estado. Mas se o sinal está vermelho, imediatamente fechamos o vidro e olhamos para o outro lado, numa tentativa de nos isolarmos e não reconhecermos uma realidade suja e feia. E, ao retomarmos a viagem, vamos cinicamente para nossos escritórios de trabalho, onde apoiaremos uma emenda constitucional que estabelece o limite de catorze anos como idade mínima de trabalho do menor. Nesse meio de cinismo, de ignorância da realidade como ela é, e de falta de visão global dessa mesma realidade, o que chamamos progresso vem se instalando nas nossas sociedades. Todos essas manifestações de estupidez de nossa espécie estão amparadas por esquemas racionais e científicos, estruturados mediante conhecimento especializado, fragmentado e focalizado em apenas um ou, quando muito, em alguns poucos dos inúmeros parâmetros que compõem a realidade, com absoluta ignorância de uma visão global dessa mesma realidade e mesmo com desprezo por essa visão. Os sucessos e resultados dessa análise de aspectos da realidade, amarrados e estruturados em esquemas em si muito elaborados, têm impedido reconhecer a limitação e a parcialidade desses enfoques, e o próprio aparecimento das disciplinas, talvez a invenção mais fundamental e mais característica da ciência moderna, deu origem ao afastamento da realidade em toda a sua plenitude. Como caricaturou Abbott em seu belíssimo *Flatland*, escrito na passagem do século, o homem curioso, questionador, criativo e crítico, recolheu-se a uma das dimensões por ele próprio criadas e tornou-se especialista. Como o cidadão de *Flatland* pode viver num mundo de duas dimensões, o homem abraça um esquema interdisciplinar e trabalha em duas, e mesmo em três ou mais disciplinas. Mas isso não é mais do que um mero paliativo, pois sua visão da realidade ainda é estreita, ainda é cartesiana, ainda é disciplinar, mesmo que seja em mais de uma disciplina. A crítica ao modelo pode ser feita com os mesmos instrumentos que o modelo nos oferece.

Somente agora é que os efeitos globais desse modelo de pensamento, que comumente chamamos racionalismo científico, começam a ser notados. Paradoxalmente, isto se tornou possível graças à existência de poderosos meios de comunicação e informação e de métodos de análise desenvolvidos dentro desse mesmo modelo. Os resultados que detectamos quando examinamos o sistema como um todo são altamente desencorajadores, e algumas das contradições foram apontadas acima.

O que faltou no desenvolvimento desse modelo? Em outros termos, o que deu errado na ciência e no racionalismo científico? Por que não deu certo? Ou terá dado certo? Seria isso mesmo o que se pretendia, e a crítica à qual nos associamos partiu de uma minoria inconformada e insatisfeita? Onde e como comprometemos o modelo com princípios éticos e morais?

É importante que nos reportemos a outros modelos de conhecimento, da busca do saber e do fazer, busca essa que consideramos inerente à espécie. Partindo do pressuposto de que o homem está sempre à procura de explicações e sente um impulso para agir com a finalidade de manejar, se possível de transformar e mesmo de moldar a realidade, modelos alternativos de conhecimento se apresentam, obviamente em competição com aquele modelo que passou a ocupar uma posição dominante no mundo moderno. Essas formas alternativas de conhecer, de fazer e de explicar nos oferecem uma oportunidade de refletir mais profundamente sobre a nossa própria forma de conhecer, de fazer e de explicar. O que faltou a essas outras formas para que, de algum modo, elas fossem como que "perdedoras" numa competição com as formas hoje dominantes? O que teria andado melhor, sobretudo nas suas relações com a natureza, se essas formas tivessem prevalecido? E agora formulamos a pergunta que é fundamental em nossas reflexões: que novas formas de conhecer, de saber e de fazer, de explicar, podem ser geradas a partir de uma síntese crítica das várias formas que venceram e que perderam, e que são por nós e por outros conhecidas? Ao reconhecer uma dinâmica interna dos processos cognitivos e do próprio fenômeno cultural, somos levados a perguntar que novas formas surgirão, que novas formas poderão ser criadas a partir dos vários modelos já existentes e em evolução. Estaremos atingindo o final de um modelo cognitivo que, ao mesmo tempo que nos permite nos aproximarmos de uma verdade totalizadora, que nos desvenda o pequeno e o grande, o interior e o exterior, nos força a dar o passo final em direção ao sacrifício total, e assim atingir a meta existencial, estendendo a toda a espécie a meta de extinção em direção à qual inexoravelmente caminhamos como indivíduos? Será o sacrifício coletivo a resposta a um Criador que não nos permite a ascensão ao seu *status*? Ou, ao contrário, estamos no limiar de novas formas de conhecer, de explicar, de saber e de fazer, de uma nova conceituação de ciência, que transcende as barreiras e os paradigmas disciplinares, os métodos e lógicas, e que portanto está prestes a superar, através de nossa projeção em gerações futuras, o próprio destino biológico de extinção do indivíduo, anulando conseqüentemente a ameaça de extinção da espécie?

Estamos à procura desse novo conhecimento, dessa nova explicação, desse novo saber e fazer, que evitarão e, se possível, corrigirão e eliminarão as distorções gritantes a que as formas disciplinares do racionalismo científico nos conduziram.

Que programa propomos para esse fim? O primeiro passo será um reexame histórico e epistemológico do próprio conhecimento científico, e ao mesmo tempo uma reconstrução histórica dos momentos da construção desse mesmo conhecimento. Foi sempre na dinâmica do confronto de modelos distintos que algumas formas de conhecimento foram superando e eliminando outras. A partir da expansão do Ocidente, algumas formas de conhecimento foram simplesmente marginalizadas, enquanto outras foram expropriadas e desfiguradas e paulatinamente harmonizadas num modelo estrutural comum. No decorrer desse processo, esquemas de explicação algumas vezes muito abrangentes foram sendo abandonados e armazenados no depositório popular das tradições. Alguns evoluíram na marginalidade, outros estacionaram, e a maioria foi abandonada. A recuperação, e mesmo a reconstrução dessas idéias, que na verdade significaria fazer a história das idéias perdedoras, é a primeira tarefa no nosso programa. O sentido de história deve ser ampliado consideravelmente; deve-se procurar entre as tradições vivas novos elementos para essa reconstrução histórica e epistemológica. Por que tal idéia terá sido perdedora? Um exemplo particularmente interessante podemos encontrar na própria disciplina que representa como que um padrão do racionalismo científico, que é a matemática. O nome de Pitágoras ficou associado a algo extremamente prático e útil em praticamente todos os ramos da técnica, que é o teorema que leva seu nome: num triângulo retângulo, o quadrado da hipotenusa é igual à soma dos quadrados dos catetos. Sabemos que este resultado era amplamente conhecido entre os hindus quando Pitágoras visitou a Índia, e que era também muito conhecido dos chineses, o que retira a originalidade criativa atribuída a Pitágoras, considerado o autor do teorema. No entanto, a contribuição essencial e original de Pitágoras para a aritmética é ignorada ou marginalizada. A linguagem numérica, que nas tradições de chineses, indus, egípcios e judeus era parte integrante de práticas divinatórias, uma forma de aproximação com as divindades — para as quais o futuro não é mistério —, teve em Pitágoras um grande cultor, e ele procura introduzi-las na Grécia, em substituição a práticas que utilizavam o exame das entranhas de seres vivos sacrificados. Dizia ele que assim a natureza não seria violada, e que portanto os deuses estariam mais felizes. Prevaleceu o sacrifício! E a contribuição de Pitágoras para a ciência é lembrada através de um resultado reconhecidamente de outros, mas de grande utilidade prática, que é o hoje famoso teorema de Pitágoras. O que nos interessa no programa de pesquisa proposto é compreender, no processo de transmissão da matemática grega, por que a numerologia foi preterida. Num segundo exemplo, perguntaríamos por que a alquimia foi preterida em favor da química no século XVIII. O estado de desenvolvimento de ambas naquela época, evidentemente, favorecia a alquimia. No entanto, outros fatores determinaram que o conhecimento menos avançado prevalecesse. Que fatores teriam sido esses?

Ao mesmo tempo que procuramos entender a dinâmica de conhecimento no passado, necessitamos de uma proposta de reconstrução. Dessa maneira, colocamos aqui algumas questões que podem nos guiar nessa busca de um novo enfoque para as explicações. Esses questionamentos se referem principalmente aos valores que estariam implícitos e teriam sido assumidos na construção do conhecimento. Como esses valores teriam sido assumidos e dado forma às nossas crenças, às nossas expectativas e à nossa própria ação ao tentarmos utilizar esses conhecimentos no nosso dia-a-dia? Em outros termos, quanto do nosso código de conduta está refletido na nossa própria maneira de conhecer? E como poderiam esses mesmos conhecimentos, que hoje nos encaminham para uma destruição e para a exploração do homem pelo homem, ser reformulados e redirecionados para um mundo de amor, de justiça e de felicidade? Não se trata de ignorar e eliminar o conhecimento existente, assim como não se trata de ignorar as tradições existentes, mas de conciliá-las no que poderíamos chamar uma reconstrução do conhecimento, de tal maneira que princípios éticos, valores humanos e amor estejam embutidos nesse conhecimento reconstruído. Será isso possível?

Nesse mergulho necessariamente transdisciplinar nas tradições do passado e do presente esperamos encontrar os elementos para propor uma nova conceituação de ciência, e temos certeza de que o potencial criativo da espécie nos permitirá atingir uma existência mais digna, num mundo mais justo, feliz e impregnado de amor.

> "But nothing will ever quench humanity and the human potentiality to envolve something magnificent out of a renewed chaos."
>
> D. H. LAWRENCE, 1921

5

A CIÊNCIA SIMBÓLICA. EPISTEMOLOGIA E ARQUÉTIPO

Carlos Amadeu B. Byington

"O símbolo mais transcendente que existe é a verdade."
CARLOS BYINGTON

O autor analisa a unilateralidade da objetividade em detrimento da subjetividade, no conhecimento científico. Ao contrário de muitos filósofos da ciência, que vêem nessa unilateralidade uma decorrência do próprio desenvolvimento científico, o autor a interpreta basicamente como uma dissociação patológica do *self* cultural do Ocidente ocorrida no final do século XVIII, quando da separação ciência-religião.

Apresentando sua teoria do desenvolvimento simbólico da consciência individual e coletiva em quatro ciclos arquetípicos (matriarcal, patriarcal, alteridade e cósmica), o autor situa a prática do método científico no ciclo de alteridade. Descreve cinco posições básicas para qualquer elaboração simbólica (indiferenciada, insular, polarizada, dialética e contemplativa) e assinala que o cientista e a pesquisa científica podem percorrer todas estas cinco posições na relação sujeito-objeto.

Demonstrando que o padrão de relação objetal eu-outro e outro-outro no ciclo de alteridade é quaternário, e que este padrão expressa a plenitude simbólica na inter-relação das polaridades durante o desenvolvimento da consciência, o autor propõe um método científico quaternário de relacionamento subjetivo-objetivo, denominado ciência simbólica, que relaciona significativamente o conhecimento objetivo e esotérico.

A seguir, o autor especula sobre a metodologia da ciência simbólica e descreve a prática de uma pedagogia simbólica. Propõe também a releitura de ensinamentos de outras culturas e dos pensadores do Ocidente anteriores à dissociação, para que, à luz da interação quaternária, seus símbolos possam ser reelaborados, resgatando muito do saber não compreendido devido ao emprego dissociado das polaridades subjetivo-objetivo.

Concluindo, o autor assinala que esta dissociação no ciclo de alteridade impede não só a elaboração quaternária simbólica plena, como dificulta a compreensão de símbolos da totalidade do processo existencial do ciclo cósmico que preparam a consciência para a morte como vivência de transformação.

Unitermos

Ciência simbólica — padrão de alteridade da consciência — elaboração quaternária
Causalidade mágica — causalidade demonstrativa — sincronicidade — ciência esotérica
Ciência objetiva — método simbólico de pesquisa científica — pedagogia simbólica.

Quando percorremos os marcos históricos da ciência moderna, nos damos conta de que podemos situar a reflexão sobre o conhecimento (1) em função da relação sujeito-objeto e da relação dos objetos entre si. Por mais que variem as epistemologias (2), estes dois parâmetros são permanentes. Existe um terceiro, inerente à metologia do conhecimento, que também sempre foi reconhecido. Trata-se da constatação de que a busca da verdade se faz dentro de um todo imenso e desconhecido.

Examinando as maneiras como o ser humano desenvolve o conhecimento, sem refletir especificamente sobre ele, vemos uma mistura desses três parâmetros sob as mais variadas formas.

Grande parte do desenvolvimento das ciências no Ocidente, porém, se fez seguindo um caminho característico. Principalmente a partir do século XVIII, a polaridade sujeito-objeto foi considerada de modo específico, para se afastar o componente subjetivo da inter-relação dos fenômenos entre si. Isto foi feito tanto nas chamadas ciências da natureza quanto nas ciências humanas (3).

O pólo subjetivo foi sistematicamente afastado da observação científica, vendo-se nele apenas o que poderia atrapalhar a observação e não o que poderia contribuir para ela (4). Criou-se, com isso, um preconceito contra a subjetividade e um gigantesco viés na epistemologia.

As dissociações mente-corpo, indivíduo-sociedade, psique-natureza e racionalidade-irracionalidade (consciente-inconsciente) são conseqüências da grande dissociação sujeito-objeto. Apesar de muitos historiadores considerarem esta maior ênfase no pólo objetivo uma conseqüência natural da avalanche de descobertas objetivas e da revolução industrial-tecnológica (5), estes fatores, ainda que muito importantes, não me parecem a causa principal da dissociação subjetivo-objetivo ocorrida no humanismo ocidental. Como analisarei adiante, a causa principal disto foi provavelmente a ruptura ciência-religião no século XVIII e as raízes históricas deste rompimento na obra persecutória e repressiva da Inquisição. Não se trata, pois, simplesmente de explicar a maior ênfase cultural no pólo objetivo, o que poderia ser explanado através da revolução tecnológica, mas de uma dissociação patológica do *self* cultural europeu.

Acumulou-se assim um enorme saber sobre a natureza, lado a lado com um mínimo conhecimento sobre a subjetividade. É comum encontrar-se um currículo de dezoito anos de estudo (que culminou num diploma universitário), durante o qual não foi estudado, durante um semestre sequer, a formação e o desenvolvimento da consciência.

Um engenheiro pode se especializar por mais dez anos, sem nunca aprender os padrões arquetípicos que regem o pensamento. Antropólogos, sociólogos e cientistas políticos podem chegar ao mestrado e ao doutoramento após vinte e cinco anos de estudo (dezoito de graduação, três de mestrado e quatro de doutorado) sem saber o que significa a estruturação da consciência através de símbolos a partir de relações indiferenciadas. Um médico pode se tornar professor titular de anatomia, fisiologia ou clínica médica sem ter a menor noção do que é o corpo simbólico e sua função na estruturação normal da consciência, na formação de sintomas e na relação médico-paciente. No entanto, todos esses especialistas trabalham convencidos de que sabem como é o ser humano.

Os resultados produtivos deste caminho estão aí, inegáveis na imensa aquisição de conhecimento expresso, entre outras coisas, pela tecnologia moderna. Este imenso acúmulo de saber ocorre, porém, com freqüência, indiferente ao destino humano: fome e miséria em mais da metade do mundo, devastação e desequilíbrio ecológico em larga escala, uso alienante progressivo de psicotrópicos, envenenamento alimentar com pesticidas e corrida armamentista mundial com potencial genocida aterrador.

À volta e no centro desta alienação humanista e holística, distinguimos a ignorância defensiva e orgulhosa sobre como se forma e desenvolve a consciência humana, a principal reguladora do saber e da conduta.

Nesse sentido, quero, neste trabalho, refletir sobre os limites da ciência em duas grandes fronteiras, ambas relacionadas à negligência do estudo do pólo subjetivo na relação subjetivo-objetivo.

A primeira diz respeito ao próprio conhecimento do pólo objetivo. Damo-nos cada vez mais conta de que o estudo da natureza, da macro e da microfísica, do universo dos átomos e das galáxias, em meio ao *continuum* espaço-tempo, para prosseguir, necessita conhecer o funcionamento da psique. De fato, o aprofundamento do conhecimento de categorias básicas como energia, matéria e espaço implica o aumento do conhecimento da imaginação (6). Soma-se a isso a noção crescente resultante das pesquisas em psicologia da criatividade, segundo a qual a descoberta científica, longe de depender exclusivamente da lógica, surge por vias freqüentemente irracionais, tais como intuições, sonhos e fantasias, ainda dificilmente compreensíveis através do conhecimento atual (7).

A segunda diz respeito à inter-relação entre conduta e conhecimento, que não pode ser simplesmente transferida da ciência objetiva para a ética. É inegável que, depois de Hiroxima e Nagasáqui, nosso conhecimento da natureza da energia atômica aumentou muito. A necessidade crescente de estudo do conhecimento objetivo como um fenômeno humano, com a participação do parâmetro subjetivo no próprio desenvolvimento da ciência a partir da teoria restrita da relatividade, publicada por Einstein em 1905, coincidiu significativamente com as descobertas de Freud e Jung sobre a natureza da psique.

O problema de trazermos a psicologia para socorrer a dissociação subjetivo-objetivo da ciência é que ela própria nasceu e floresceu dentro desta dissociação. Assim, as descobertas geniais dos seus pioneiros foram por eles mesmos consideradas num conceito de psique identificada com o subjetivo e dissociada da natureza em sua própria essência. Como analisaremos adiante, o resgate da dissociação subjetivo-objetivo só pode ser feito por uma psicologia que perceba a energia psíquica como uma das formas de energia física.

É à luz deste enfoque que edificamos o conceito de símbolo, como ponto de união entre o subjetivo e o objetivo, viga-mestra de uma teoria de ciência simbólica.

Com Freud, percebemos a estruturação da consciência a partir do inconsciente, e com Jung aprendemos que o inconsciente é formado por matrizes criativas de símbolos. A união das duas obras permite relacionar dinamicamente a estruturação de padrões operativos da consciência, coordenada por arquétipos do inconsciente coletivo do início ao fim da vida através de símbolos. Isto quer dizer que a consciência opera arquetipicamente através de *padrões de relacionamento*, independentemente da natureza dos símbolos em si.

As obras psicológicas de Freud e Jung e as pesquisas delas decorrentes — desde que pensemos a energia psíquica como uma diferenciação da energia física — permitem-nos hoje perceber o desenvolvimento arquetípico da consciência, através dos símbolos, do início ao fim da vida, como uma atualização do potencial do arquétipo central, com suas características de criatividade e centralização coordenada. Permitem-nos, também, descrever quatro ciclos arquetípicos que regem, lado a lado, esse desenvolvimento e, com isso, diferenciar quatro padrões básicos de funcionamento da consciência: matriarcal, patriarcal, alteridade e cósmico (8). (Gráfico 1)

OS QUATRO CICLOS ARQUETÍPICOS ESTRUTURAIS-EVOLUTIVOS
SELF INDIVIDUAL E SELF CULTURAL

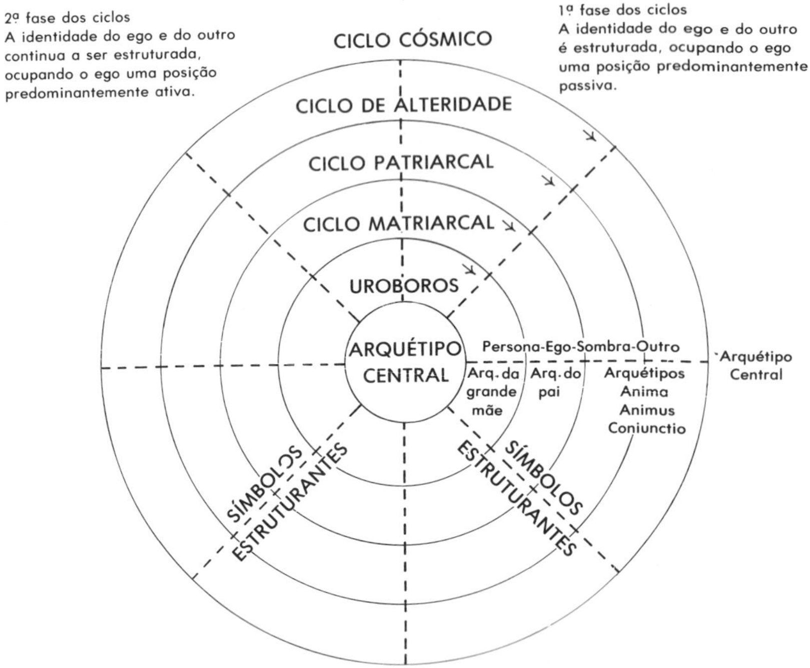

Gráfico 1. Na estruturação simbólica, a consciência individual e coletiva se faz através do eixo ego-arquétipo central por quatro ciclos arquetípicos estruturais evolutivos, cujo aparecimento e dominância são sucessivos, mas cuja função estruturante, depois do aparecimento, age lado a lado durante o processo.

Estas descobertas nos mostram que a atitude da consciência, com a neutralidade necessária para o exercício sistemático do método científico, coincide com o terceiro ciclo arquetípico, ou seja, com o ciclo de alteridade. Com efeito, depois de sofrer a estruturação matriarcal e patriarcal, é somente neste terceiro ciclo que a consciência ultrapassa o narcisismo inerente aos ciclos parentais e se capacita para relacionar o ego e o outro (bem como as coisas entre si) dialética, criativa e igualitariamente: condições essenciais para o exercício da crítica científica sistemática. Percebemos aí, nitidamente, que a permanência da ciência no estudo da relação das coisas entre si, excluindo a subjetividade, não só não é necessária para o método científico, como é mutiladora do funcionamento da consciência (9).

O conhecimento da estruturação de padrões da consciência através dos arquétipos nos permite ver que o padrão de alteridade requerido para o método científico é o mesmo padrão necessário para as mais diversas atividades humanas, tais como a atividade política democrática, a interação conjugal e familiar igualitária, a ecologia balanceada, a imunologia e a pedagogia criativa (10).

O dinamismo de alteridade, como padrão estruturante da consciência coletiva, surge culturalmente através de expressões míticas e históricas do inconsciente coletivo, como, por exemplo, no taoísmo e no *I Ching* (oráculo quadrimilenar chinês), na interação consulta-êxtase-revelação do Oráculo de Delfos e na relação morte-vida dos Mistérios de Elêusis, ambos na Grécia, no caminho do meio do budismo e no "amar ao próximo como a si mesmo" do cristianismo (11).

O exposto nos demonstra que a prática do método científico faz parte de um estado de consciência e que, por isso, a mentalidade científica não pode ser restrita a uma mera busca da objetividade, sob pena de não compreendermos seu contexto humano. Reduzir a mentalidade científica à objetividade por ela estudada equivale a estudarmos as cores da natureza sem que jamais nos ocorra a necessidade da compreensão do fenômeno da visão.

A formação do ego, seu amadurecimento e sua capacidade de relacionamento com os objetos como um fenômeno inseparável foi uma descoberta da psicanálise e tem sido um tema extensamente estudado por sua escola inglesa através do que passou a ser chamado de teoria do relacionamento objetal. Nesse sentido, Melaine Klein distingue duas posições básicas de ego, a esquizoparanóide e a depressiva. Na primeira, o ego é basicamente "maniqueísta", pois não consegue se relacionar com os pólos ódio e amor ao mesmo objeto. Na segunda, isto se torna possível (12).

Algo muito importante nas posições de Melaine Klein é que ela inicialmente as descreveu como fases evolutivas do ego. Posteriormente, porém, percebeu que podiam ser adotadas diante de qualquer relacionamento objetal, em qualquer fase da vida, sempre mantendo uma relação evolutiva entre elas. Esta noção abre a teoria de formação da consciência para a noção de que o ego, mesmo adulto, passa necessariamente por situações "menos lúcidas" para adquirir lucidez diante de novas experiências.

O psicanalista argentino José Bleger, seguindo os trabalhos ingleses de Melaine Klein e de Margareth Mahler (13), descreveu uma fase anterior à posição esquizoparanóide como um estado simbiótico, no qual o ego não pode perceber o objeto por estar em fusão com ele. Chamou a esta posição de glisco-cárica. (14).

Quando aplicamos, em vez de fases, também a noção de posição a esta situação primária do ego, chegamos então a três posições, ou seja, simbiótica, esquizoparanóide e depressiva.

Ora, descrever posições em vez de fases significa admitir que estes padrões de relacionamento não só se encontram na formação do ego, como também na sua maneira de se relacionar diante de vivências novas durante a vida. É o mesmo que dizer que estas posições do ego são arquetípicas, ou seja, são formas inatas de relacionamento, acionadas diante de determinadas situações existenciais e culturais. Resta-nos, então, procurar a ligação entre estes padrões e os arquétipos do inconsciente coletivo para compreender a relação do conceito de arquétipo com a teoria do conhecimento científico.

Esta aproximação entre psicologia e ciência, necessária para chegarmos à compreensão do que é ciência simbólica, requer que admitamos que o ego, diante de situações novas, passa por estados de menor discriminação, através dos quais se desenvolve à medida que adquire conhecimento. Este estado de menor discriminação ou de indiscriminação do ego não é então uma regressão, pois é inerente e, por isso, indispensável ao seu crescimento normal junto com a aquisição do conhecimento.

Dentro da filosofia da ciência objetiva, o filósofo Carl Popper referenda esta possibilidade ao descrever as condições necessárias para o conhecimento objetivo. Segundo Popper, a mentalidade científica se abre para a verdade na medida em que admite não só o erro como parte do caminho, mas também o próprio saber como inadequado e imperfeito. Para Popper, a nova descoberta contribui para a verdade de duas formas. Uma, quando surge e explica novos fenômenos. Outra, quando percebe o que ela ainda não explica. Nesse sentido, o estado de constatação do não-saber é tão importante para a busca científica da verdade quanto o saber (15). Deste modo, o correspondente psicológico à constatação do não-saber é exatamente o estado de indiscriminação do ego que lhe permite percorrer as posições simbiótica, esquizoparanóide e depressiva diante de objetos a cada nova situação de crescimento e transformação dentro do ciclo arquetípico em que o objeto ou símbolo está naquele momento sendo elaborado.

A correlação do conhecimento e dos estados de transformação do ego com os quatro ciclos estruturantes da consciência (matriarcal, patriarcal, alteridade e cósmico) permite-nos perceber os padrões de relacionamento do ego com objetos (eu-outro) de forma mais ampla que as três posições acima referidas (simbiótica, esquizoparanóide e depressiva), pois a forma como estas posições estão descritas tem três grandes limitações.

A primeira é a evidente mistura com a patologia, presente já na sua denominação. A segunda é a não-percepção de que estas posições do ego ou padrões de consciência são diferentes em cada ciclo arquetípico, apesar de, em cada ciclo, passarem pelos estágios de simbiose, com indiscriminação e discriminação, a cada nova transformação do ego. A terceira é a não-percepção de que a posição depressiva, ao caracterizar o estudo pleno da relação objetal, pela presença dos dois pólos no mesmo objeto, está muito aquém de expressar a capacidade psíquica total de relacionamento.

Por isso, para caracterizar os graus de diferenciação da relação eu-outro durante a elaboração simbólica, adoto cinco posições, denominadas simbiótica, insular, polarizada, dialética e contemplativa.

A *posição indiferenciada* caracteriza-se por uma tal fusão entre sujeito e objeto que freqüentemente nem se percebe que uma relação está em andamento. Esta posição geralmente dá início a toda elaboração simbólica.

A *posição unilateral* ou *insular* ocorre geralmente logo após a relação indiferenciada, e aqui somente alguns aspectos das polaridades são enfatizados separadamente, como, por exemplo, nas vivências sexuais para pura satisfação pessoal, nas reações agressivas que não consideram suas conseqüências, nos julgamentos que dão razão a parentes e amigos independentemente do que fizeram etc.

A *posição polarizada, antagônica* ou *conflitiva* é aquela na qual ambos os pólos do símbolo são discriminados essencialmente em função do seu aspecto de oposição. Percebe-se a oposição entre saúde e doença mental, opulência e miséria social, amor e ódio, vida e morte, por exemplo, mas não se percebe a relação dialética entre seus pólos dentro de um todo processual.

Na *posição processual* ou *dialética*, a relação eu-outro ou outro-outro é percebida dentro de um processo no qual as polaridades interagem significativamente dentro de um todo. O termo *processual* provém da obra de Alfred North Whitehead intitulada *Process and reality*, e o termo *dialética* foi empregado por Marx e Engels na interpretação das transformações sociais. Esta posição não inclui a teoria política da luta de classes, porque esta teoria enfatiza somente os aspectos conflitantes das classes sociais e, por isso, pertence à posição polarizada da consciência, e não à posição dialética (16).

Os termos *dialética* e *processual*, ao meu ver, referem-se à relação eu-outro e outro-outro na plenitude da interação do processo de elaboração simbólica. Esta posição é aquela na qual a consciência adquire a capacidade de exercer o relacionamento quaternário das polaridades, e por isso opera na elaboração dos símbolos predominantemente dentro do ciclo de alteridade.

No caso do estudo dos antibióticos, por exemplo, na época anterior ao microscópio, vivíamos em relação indiferenciada com os micróbios. Algo que embolorasse ou apodrecesse fazia simplesmente parte da realidade. Com o advento do microscópio e da microbiologia, conhecemos os microorganismos e muitos dos seus defeitos nocivos e benéficos (posição insular). A partir de Fleming, descobriu-se cada vez mais que fungos e bactérias formavam uma polaridade freqüentemente antagônica (posição polarizada). Foram necessários, porém, muitos anos de pesquisa com os antibióticos para se chegar à posição dialética, aprofundar o conhecimento da relação entre fungos e bactérias e descobrir o segredo da formação da resistência das bactérias aos antibióticos.

Finalmente, a *posição contemplativa* é aquela capaz de perceber as coisas na realidade unitária, na qual o ego contempla o todo que o envolve em suas relações com o outro.

Estas cinco posições geralmente operam de forma evolutiva e se relacionam com os quatro ciclos arquetípicos da seguinte forma: a posição indiferenciada, no mais das vezes, está presente no início da elaboração simbólica em todos os ciclos. A insular é característica do dinamismo binário matriarcal, mas pode também ser exercida evolutivamente nos dinamismos patriarcal, de alteridade e cósmico. A posição polarizada é característica do dinamismo patriarcal, mas pode ser exercida evolutivamente nos dinamismos de alteridade e cósmico. A posição dialética é básica no dinamismo de alteridade, mas pode ser exercida evolutivamente no dinamismo cósmico. Finalmente, a posição contemplativa é característica do dinamismo cósmico.

Não podemos subestimar a importância da passagem do saber pelo não-saber no crescimento do conhecimento objetivo, fato que aqui correlacionamos com a passagem e repassagem habitual do ego pela posição indiferenciada durante suas transformações. Vimos como Popper se abre na filosofia para este fato, ao valorizar a função da constatação do não-saber na busca da verdade objetiva.

As dificuldades do saber e sua inter-relação com o não-saber sempre existiram em qualquer reflexão sobre o conhecimento. Lembremos, apenas como ilustração, como Zenão de Eléia explicou o ceticismo de Parmênides, para compreender o movimento através da corrida entre Aquiles e a tartaruga. Para chegar ao final, Aquiles deveria chegar à metade do caminho. Mas, para atingir a metade, deveria primeiro atingir a metade desta, e assim por diante, com infinitas metades, de tal forma que Aquiles não sairia do lugar e jamais ultrapassaria a tartaruga. Ou, então, o célebre mito da caverna de Platão, no qual nosso conhecimento das coisas é comparado à visão que teríamos das sombras das coisas no fundo de uma caverna, coisas essas que jamais veríamos diretamente.

A *Crítica da razão pura*, de Kant, ao descrever a limitação da razão, continua esta tradição, mas dela se distingue por ter sido escrita em pleno século XVIII, quando o saber científico objetivo se avolumava extraordinariamente. Nesse sentido, a argumentação de que o conhecimento racional é limitado, e se apóia num *a priori* sensorial que constata intuitivamente o fenômeno do espaço e do tempo, formou um baluarte do subjetivo contra a atitude unilateral e preconceituosa que tenta até hoje reduzir a verdade ao objetivo no pensamento científico.

Dando continuidade ao pensamento de Kant, a lógica de Hegel baseada na dialética dos contrários, segundo a qual a tese e a antítese geram a síntese, abre o pensamento para a interdependência ou mutualidade dos contrários que caracteriza a consciência quaternária de alteridade. Ao chamar a atenção para o fato de que as polaridades se relacionam de modo igualitário e criativo, e que são até mesmo intercambiáveis, Schelling contribuiu de forma importante para o tema.

Dentro da redução ao sócio-econômico, o materialismo histórico aplicou a dialética dos contrários abundantemente. Além do redutivismo do cultural ao sócio-econômico, sua grande limitação foi reduzir a dialética das classes sociais exclusivamente à luta de classes para fundamentar teoricamente a luta armada pelo poder do comunismo. Com isso, foram deixadas de lado não só a interação conflitiva, mas também a interação criativa das polaridades (indispensável para que qualquer relação seja realmente dialética). No entanto, sua importância política favoreceu o estudo e a difusão da dialética, à qual deu imensa importância, a ponto de se autodenominar materialismo dialético. Engels, em sua *Dialética da natureza*, chama especial atenção para o fato de os opostos serem intercambiáveis (17).

Sob este ângulo, podemos dizer que a filosofia foi muito mais longe que a psicologia no desenvolvimento do conhecimento da inter-relação eu-outro, sobretudo se acrescentarmos a estes exemplos os estudos contemporâneos da relação eu e tu de Martin Buber (18).

No entanto, somente a relação dialética igualitária, criativa e intercambiável entre as polaridades, mesmo quando trazida para a relação eu-outro, é insuficiente para compreender o que é o fundamento arquetípico do padrão da consciência de alteridade. Não basta saber que o subjetivo interage com o objetivo em igualdade de condições no conhecimento científico. É preciso perceber que a diferenciação de ambos emerge de uma raiz comum, que é o símbolo. Para isso, precisamos compreender e reformular o conceito de símbolo, pois a psicologia tradicional o identificou unilateralmente com o subjetivo, em razão da mesma unilateralidade cultural que equacionou a verdade científica com o pólo objetivo do saber.

A menos que a energia psíquica inclua nas suas apresentações simbólicas uma representação igual para o subjetivo e o objetivo, para o eu e o outro, a descrição dos padrões psicológicos de relacionamento será sempre forçosamente mutilada pela dissociação psique-mundo, e a psicologia nada pode fazer para resgatar a metodologia científica desta dissociação. Mais uma vez, a filosofia caminhou muito à frente da psicologia.

Paralelamente ao movimento em direção ao estudo da subjetividade na psicologia e na física, registramos na filosofia, através das obras de Chardin e Heidegger, duas contribuições de importância para a interação da polaridade sujeito-objeto, ultrapassando a dicotomia psique-mundo em nosso século. Chardin descreve a formação da consciência sem solução de continuidade com a diferenciação da matéria (19). Heidegger ultrapassa a dicotomia sujeito-objeto, tornando o *ser-no-mundo* a essência da ontologia e o conceito central de sua obra (20). A partir destas duas obras, torna-se incorreto o estudo de qualquer símbolo expressivo da energia psíquica que exclua a polaridade subjetivo-objetivo.

O conceito de símbolo é antigo nas ciências, tanto físicas quanto humanas, mas, a partir dos estudos da formação e transformação da consciência pertencente a uma realidade psíquica não alienada do mundo, percebemos que antes das polaridades se formarem na consciência, mesmo as polaridades subjetivo-objetivo e eu-outro estão reunidas dentro do símbolo.

A partir desta perspectiva, o símbolo se torna o conceito central da psicologia, pois passa a operar como intermediador simultâneo entre os processos conscientes e inconscientes, entre o individual e o cultural e entre o subjetivo e o objetivo. Nessas funções, o símbolo se torna o grande transformador da energia psíquica.

Sabemos de há muito que a consciência funciona através de polaridades. Ao descobrirmos que os símbolos contêm as polaridades, antes de estas se separarem na consciência, eles devem ser considerados a fonte de formação e tranformação da consciência. Surge assim o conceito de símbolo estruturante, pois é o símbolo que dá origem à formação da polaridade ego-outro na consciência, seja este outro natureza, corpo, sociedade ou até mesmo idéias e emoções (Gráfico 2).

Assim, em função do conhecimento da estruturação da cons-

ESTRUTURA DO SELF INDIVIDUAL E CULTURAL
AS QUATRO DIMENSÕES SIMBÓLICAS

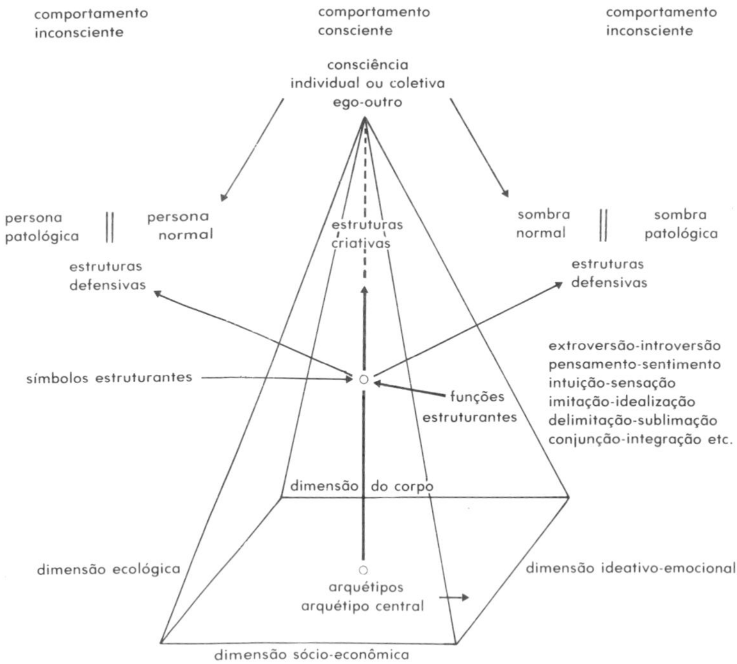

Gráfico 2

ciência, damo-nos conta de que o crescimento do conhecimento objetivo não precisa ser exclusivamente racional e pode, naturalmente, ser acompanhado do crescimento do conhecimento subjetivo, posto que ambos partem de uma raiz simbólica que os engloba e confunde em sua origem. A partir desse fato, não precisamos mais continuar "ignorando" que o conhecimento e a criatividade científica emergem tanto de fontes misteriosas, como fantasias e sonhos, quanto da mais pura lógica racional.

Esta função de veicular polaridades para a transformação da consciência outorga ao símbolo a capacidade de formar a identidade do ego e do outro na consciência, raiz do conhecimento subjetivo e objetivo. A partir desta formulação emerge o conceito de *ciência simbólica*, que engloba o de ciência objetiva.

A ciência simbólica amplia, assim, o conceito de identidade do eu na psicologia e do outro na epistemologia da objetividade nas ciências naturais, ao estudar a formação da identidade do eu junto com a formação da identidade do outro na estruturação da consciência.

Desta maneira, a ciência simbólica postula que todo acontecimento humano é sempre também simbólico, pois de alguma forma inclui consciente ou inconscientemente a vivência da polaridade eu-outro.

Além do conceito de símbolo, um dos principais conceitos da psicologia simbólica é o conceito de *self*, que reúne a interação dos fenômenos conscientes e inconscientes a nível individual e cultural. Ao admitirmos a estruturação da consciência coletiva pelos símbolos, junto com a consciência individual, abrimos a ciência simbólica para a antropologia e a história e passamos a compreender a separação unilateral entre ciência objetiva e subjetividade, no final do século XVIII, não somente como a maravilha que o iluminismo supôs, mas também como uma grave dissociação patológica do *self* cultural europeu, pela qual o mundo inteiro haveria de sofrer.

A cultura ocidental, no que concerne a suas raízes greco-romanas e judaico-cristãs, empreendeu sua busca do desenvolvimento da alteridade em condições históricas e culturais nas quais o padrão arquetípico patriarcal da consciência coletiva predominava nitidamente sobre o padrão matriarcal (ver Gráfico 1).

Sumarizando ao máximo a descrição dos quatro grandes padrões arquetípicos, devemos iniciar pela descrição do padrão matriarcal, que é o primeiro a estruturar a consciência. Seguem-se os padrões patriarcal, de alteridade e cósmico. Todavia, é importantíssimo aplicar a estes padrões o *conceito estrutural-evolutivo*, segundo o qual eles são constelados seqüencialmente, mas, depois, operam lado a lado na sua função coordenadora dos símbolos estruturantes da consciência.

Mesmo sucedendo o padrão matriarcal no seu aparecimento histórico, o padrão patriarcal pode ou não ser dominante, mesmo quando intensamente operativo. Na personalidade individual e nas culturas, podemos até mesmo falar de uma *tipologia matriarcal-patriarcal*, formando os tipos matriarcal e patriarcal dominante, que não excluem a presença dos outros dois dinamismos na estruturação da consciência.

Isto quer dizer que ainda que freqüentemente sejam intensamente conflitantes, estes quatro padrões arquetípicos de funcionamento da consciência não são mutuamente exclusivos na psique. Achar que um exclui o outro é tornar-se vítima do evolucionismo não-estrutural que tem contaminado e invalidado o emprego do conceito evolucionista em inúmeras obras de psicologia e antropologia, tornando-o instrumento do redutivismo mutilador.

O conceito de evolucionismo estrutural é especialmente necessário para se compreender a formação da identidade na sociedade multicultural brasileira, evitando o racismo pelo etnocentrismo conceitual. Das quatro culturas e raças que compõem nossa sociedade, as culturas índias e negras são matriarcal dominantes e as culturas japonesa e européia são patriarcal dominantes.

O dinamismo matriarcal se caracteriza pelo relacionamento íntimo da polaridade consciente-inconsciente e se expressa principalmente através da afetividade, do corpo e da natureza. Apesar de dominante no início da vida, é um grande erro reduzi-lo à infância. Orientado pelo desejo, pela sensualidade e pela fertilidade, este dinamismo é coordenado pelo Arquétipo da Grande Mãe (21) e perdura até o final da vida. A proximidade da polaridade consciente-inconsciente propicia seu funcionamento normalmente na possessão, na magia e na vidência, erroneamente confundidas com suas manifestações patológicas na histeria e delinqüências no charlatanismo.

As polaridades operam na consciência matriarcal bastante separadas e entremeadas de inconsciência, como um arquipélago de ilhas no oceano. Isto fez com que o "seio bom" fosse descrito como incompatível com o "seio mau" na descrição da posição esquizoparanóide. Parece-me ter havido uma confusão entre a patologia e a normalidade. No dinamismo matriarcal, seja na criança, seja no adulto, é perfeitamente possível a vivência do ódio e do amor com a mesma pessoa. O que acontece é que isso se passa em momentos diferentes, sem que a memória necessariamente registre os dois momentos e os situe em antagonismo. Não se trata de um *split*, como na patologia, e sim da própria condição insular da consciência matriarcal, na qual ora se ativa um pólo, ora outro pólo de uma polaridade.

A criança pode e até mesmo costuma vivenciar o amor e o ódio com sua própria mãe. O que ela geralmente não faz é, durante o amor, lembrar-se do ódio e refletir como é possível amar assim alguém que na véspera tanto se odiou. Por isso, o padrão matriarcal é binário. O eu se relaciona com o outro, que é o pólo de uma polaridade, numa vivência, e com o outro pólo, noutra. Cada vivência matriarcal se expressa assim por uma relação eu-outro num contexto binário.

O padrão ou dinamismo patriarcal é coordenado pelo Arquétipo do Pai, e nele, a consciência opera assimetricamente suas polaridades, devido a sua estruturação ser feita por uma delimitação intensa através de fatores dogmaticamente codificados.

Um exemplo exuberante da estruturação da consciência coletiva patriarcal é, por exemplo, o caso dos Dez Mandamentos no Velho Testamento. Sua característica autoritária é profundamente estruturante pela delimitação das polaridades, mas, ao mesmo tempo, isso torna a relação eu-outro desigual; o eu e o outro são incapazes de se relacionar igualitariamente. Devido a essa codificação assimétrica da consciência, o eu ou o outro opera geralmente de forma autoritária, não raro despótica. Esta organização abstrata e apriorística dota o dinamismo patriarcal de grande capacidade planejadora, dirigida pela busca da perfeição e sempre orientada pelo princípio da tarefa e da causalidade.

Um belo exemplo do dinamismo patriarcal é a interpretação que José dá ao sonho do faraó sobre as sete vacas magras que viriam depois das sete vacas gordas. Sob a orientação de José, o Egito construiu silos por todo o país, que permitiram a estocagem da produção e a organização da economia a longo prazo. O direito patriarcal, outorgando, exigindo e dirigindo a responsabilidade individual, se estriba na herança da propriedade privada, que enraíza a família e a sociedade numa organização de classes sociais, com uma hierarquia legal de poder e privilégios rigidamente codificada e hereditariamente mantida e aperfeiçoada.

Devido à sua codificação apriorística e, naturalmente, tradicionalista e preconceituosa, o dinamismo patriarcal é ternário. O eu se relaciona com um outro, que, de antemão, *deve* amar e não odiar, por exemplo. A polaridade amar está, assim, necessariamente determinando o não odiar, e o eu não pode se relacionar exclusivamente com ela.

Como vemos no Gráfico 2, os símbolos do *self* individual e cultural operam ao longo do eixo simbólico e sofrem em maior ou menor grau a influência das quatro principais dimensões simbólicas: sócio-econômica, ecológica, corporal e ideológica-emocional, e, ao mesmo tempo, são coordenados, em maior ou menor grau, por cada um dos quatro padrões arquetípicos expressos através dos quatro principais ciclos estruturantes: matriarcal, patriarcal, alteridade e cósmico (Gráfico 1).

O padrão de alteridade estrutura a consciência individual e coletiva sempre através de polaridades, como nos demais padrões, com a diferença de que, na alteridade, a inter-relação entre as polaridades é simétrica, igualitária, dialética, criativa e, até mesmo, intercambiável. *Intercambiável*, aqui, quer dizer que o relacionamento do eu com o outro necessita ser igualitário a ponto de o eu, ao menos na imaginação, poder trocar de posição com o outro.

Um bom exemplo de alteridade é aquele do governo democrático no qual governantes e governados precisam interagir dentro da noção de liberdade, igualdade e fraternidade e, até mesmo, serem capazes de se imaginar um no papel do outro para interagirem com toda a produtividade da alteridade. Outro exemplo é o da medicina imunológica, na qual o anticorpo (defesa) e antígeno (micróbio) são estudados em sua capacidade de gerar tanto a saúde quanto a doença. Com isto, aprendeu-se que a falta de micróbios em crianças superprotegidas pode diminuir as defesas e propiciar doenças. Aprendeu-se também que o uso apropriado dos micróbios através de vacinas é a maneira mais adequada de evitar a doença.

O padrão de alteridade estrutura a consciência através da busca do encontro e do princípio da sincronicidade, que, como descreveu Jung (22), é um princípio de conexão acausal. A consciência de alteridade busca relacionamentos em situações que se lhe acontecem. Pelo fato de não ser determinada dominantemente pelo desejo ou pela necessidade (fertilidade, sobrevivência), ela não é binária como a matriarcal. Por razão de não ser predeterminada por nenhuma categorização ideológica, ela também não é ternária, como a patriarcal. Assim, para desempenhar seu potencial estruturante, ela necessita deixar acontecer as polaridades do eu dialeticamente com as polaridades do outro naquele momento, o que a torna quaternária. Associo o padrão de alteridade à função estrutural dos arquétipos da *anima,* do *animus* e do *coniunctio*. São estes os arquétipos cuja força é capaz de antagonizar os arquétipos parentais e diferenciar a consciência individual e coletiva durante o exercício da consciência quaternária. Assim, Beatriz, de Dante, e Dulcinéia, de Cervantes são imagens da *anima*, a nível individual e coletivo, tanto quanto os ideais de liberdade, igualdade e fraternidade (23).

Alteridade, portanto, não é o "*hieros gamos*" ou casamento psíquico entre o matriarcal e o patriarcal, ainda que a alteridade, entre outras coisas, o propicie. O padrão arquetípico de alteridade é uma "mutação" no funcionamento da consciência humana, que a permite operar de forma quaternária plena, e isto a faz conflitar frontalmente com os dinamismos matriarcal e patriarcal para se impor e se diferenciar.

O fato de situarmos o exercício sistemático do método científico no padrão de alteridade não quer dizer que achemos que culturas com o predomínio da magia, que ocorre predominantemente na vigência do padrão matriarcal, sejam incapazes de ciência. Estas culturas, como mostrou Lévi-Strauss (24), mesmo praticando a magia, são perfeitamente capazes de adquirir e exercer o conhecimento da natureza.

Entretanto, podemos concordar com James Frazer (25), quando afirma que a magia é a ciência bastarda, que, por isso, confunde o conhecimento. É que a magia reúne *intencionalmente* a polaridade subjetivo-objetivo, em função da realização de um desejo, enquanto a ciência procura diferenciá-las para chegar ao conhecimento.

Vejamos um ritual de magia no qual uma garrafa arrolhada é colocada à noite embaixo da cama de uma parturiente cujo parto se retarda. À meia-noite, a rolha é retirada com o pronunciamento de palavras cabalísticas que evocam o parto.

Temos que analisar a magia sob três aspectos, o objetivo, o subjetivo e o subjetivo-objetivo. Do ponto de vista objetivo, seria errado supor que o modelo imitativo mágico tenha resultados objetivos sistemáticos. Aqui, a magia é realmente a ciência bastarda e tem sido, por isso, historicamente, uma das grandes razões para o uso indevido do subjetivo sobre o objetivo que tanto pode dificultar e atrasar o conhecimento.

Do ponto de vista subjetivo, porém, a magia pode ser altamente eficaz. Sua ritualização costuma propiciar um grande reforço do ego e aumentar a autoconfiança, a coragem e a esperança, a ponto de contribuir decisivamente para uma melhoria extraordinária do desempenho.

O terceiro aspecto importante no fenômeno da magia é a ocorrência, não sistemática, mas possível, da influência direta do subjetivo sobre o objetivo, na qual situamos, dentre outros, os fenômenos descritos como levitação e materialização. Esta dimensão ainda é praticamente desconhecida da ciência moderna, e seu progresso dependerá de uma das maiores, se não a maior de suas descobertas, que será o controle da energia psíquica. A partir daí, poderemos registrar e estudar "laboratorialmente" todos os fenômenos psíquicos, como a imaginação, as emoções, os sonhos e o próprio pensamento.

A descoberta do controle da energia psíquica desvelará a essência do simbólico e permitirá estudar cientificamente a relação subjetivo-objetivo. Nessa perspectiva, terá um significado para nossa espécie ainda maior do que o da energia atômica. Com ela, possivelmente, poderemos registrar à distância os sonhos, fantasias e pensamentos mais íntimos de pessoas, até mesmo sem o seu conhecimento. Devido ao estado de imaturidade psicológica em que se encontra ainda a humanidade, porém, apesar de o cientista almejá-la, o humanista deseja ardentemente que ela tão cedo não se realize.

Jung descreveu muitas vezes o quatérnio como símbolo expressivo da totalidade psíquica. O fato de a relação eu-outro no dinamismo de alteridade ser quaternária permite que a elaboração da situação preencha a consciência plenamente com conhecimento, tanto objetivo quanto subjetivo. A causalidade pode ser então empregada para a demonstração do fato, mas a estruturação da consciência se faz pela sincronicidade. O julgamento de que a causalidade é o princípio básico do conhecimento científico, como fez, por exemplo, Comte no positivismo (26), é errôneo e contribui para o desconhecimento do funcionamento quaternário da consciência na mentalidade científica plena.

Exemplifiquemos com a descoberta da penicilina por Alexander Fleming. As placas de agar-agar estavam semeadas de bactérias, e um descuido do técnico do laboratório permitiu que elas se contaminassem com fungos. O raciocínio patriarcal ternário, retido essencialmente pela causalidade, determinaria que Fleming repreendesse o técnico, mandasse jogar fora aquelas placas e semeasse outras, livres de fungos. Assim procederia o técnico, mas não o cientista. Aberto para a revelação permanente do desconhecido, o cientista deixou o erro acontecer criativamente. Ao abrir-se para a sincronicidade, pôde ver que aquele "erro" continha também um acerto. A contaminação poderia talvez ser usada para combater as bactérias nas infecções. Mesmo sem ter chegado ao uso clínico, o que foi feito posteriormente por Chain e Florey, sua descoberta inaugurou a era dos antibióticos.

O raciocínio triangular predeterminado causalmente estabelecia que o eu deveria se relacionar com uma placa de agar-agar sem fungos. Caso tivesse fungos, estaria contaminada.

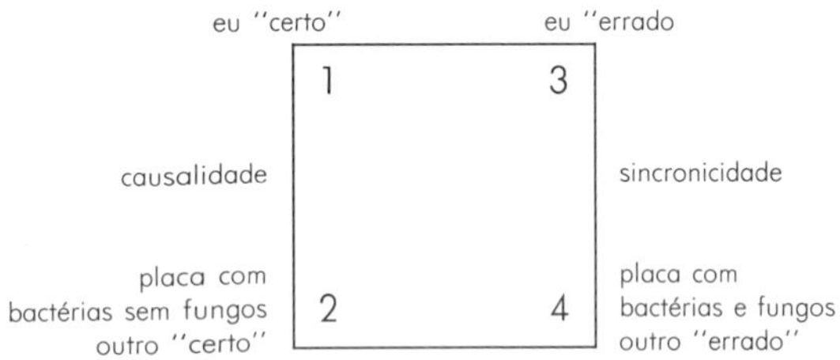

A causalidade preconcebida excluiria forçosamente o 4 e teria bloqueado o *insight*, mas a sincronicidade permitiu na consciência de Fleming a abertura para o relacionamento com o fator 4, a placa com bactérias também com fungos. O raciocínio causal ternário caracterizaria o técnico. A elaboração consciente quaternária através da sincronicidade consagrou o cientista (Prêmio Nobel, 1945).

O funcionamento quaternário da consciência de Fleming, dentro do princípio da sincronicidade, estrutura a consciência, transformando-a a nível das polaridades eu-outro (sujeito-objeto), consciente-inconsciente e indivíduo-coletividade.

A nível do outro, descobre-se que o fungo *penicillium*, até o momento maléfico pelo seu poder de contaminação, torna-se agora benéfico quando seu poder é usado no combate às bactérias. A nível do eu, descobre-se ou reafirma-se que o eu "errado" pode ser cientificamente genial.

Com relação à polaridade consciente-inconsciente, verifica-se que seu não enquadramento apriorístico na causalidade pode ser muito mais criativo que a sua predeterminação. Já com referência à polaridade indivíduo-sociedade, aprendemos com a sincronicidade quaternária que o erro de um indivíduo isolado no seu laboratório, sem nenhuma preocupação social específica naquele momento, pôde contribuir significativamente para o prolongamento da vida de toda a humanidade durante as gerações futuras.

Ao exercermos a alteridade plena na consciência quaternária, percebemos que é uma dissociação absurda equacionarmos a mentalidade científica e o crescimento da ciência objetiva com a eliminação sistemática do pólo subjetivo. Na realidade, o contrário deveria ocorrer. À luz do funcionamento da consciência quaternária, mesmo numa pesquisa da maior objetividade como o tratamento do câncer, por exemplo, ao invés da preocupação com a eliminação da subjetividade, deveríamos aguçá-la ao máximo.

Imaginemos esquematicamente como esta proposta poderia se realizar. Paralelamente às dosagens químicas e às experiências biológicas sujeitas ao mais rigoroso controle objetivo, teríamos, simultaneamente, a ativação da parte subjetiva através do registro das fantasias e dos sonhos dos pesquisadores. A meditação, as técnicas simbólicas expressivas, a vidência e as consultas oraculares, como ao Oráculo de Ifá, ao tarô e ao *I Ching*, por exemplo, fariam parte do trabalho dos pesquisadores, tanto quanto suas atividades objetivas, em função, especificamente, da pesquisa em andamento, e não de seus problemas pessoais, que seriam atendidos, em caso de necessidade, por um analista do departamento pessoal. A equipe seria formada por pesquisadores objetivos e sensitivos, e, para estabelecer suas diretrizes de pesquisa, o laboratório convidaria para seminários.

Neste caso, poderíamos realmente falar em pesquisa científica, pois a consciência do pesquisador seria treinada para gerar quaternariamente. No entanto, embora isto possa parecer o óbvio ululante, como diria Nelson Rodrigues, por que, à luz de nossa tradição científica universitária, isto soa como blasfêmia? Se a omissão também pode às vezes ser catalogada como criminosa, parece-me um crime contra a criatividade humana o fato de as universidades excluírem os videntes de suas pesquisas científicas e das sociedades evoluídas, e persegui-los como curandeiros marginais, em vez de perceber, educar e encaminhar adequadamente seus dons psicológicos.

A marginalização dos sensitivos expressa de forma exuberante a exclusão das funções tipológicas da intuição e do sentimento de nossa pedagogia, que deu lugar a uma verdadeira tirania do pensamento e da sensação. Este desequilíbrio tipológico da pedagogia, predominante sobretudo no curso secundário e universitário, por si só já é uma mutilação sistemática da psique individual e coletiva em nossa cultura (27).

Nesse sentido, a busca de uma identidade nacional na sociedade multicultural brasileira, cuja diferenciação coincide com a mudança de sua capital para o planalto central, não deve se ater ao reconhecimento da individualidade e da riqueza de suas quatro grandes culturas formadoras, mas também cultivar e exercer o que elas têm de mais expressivo através da consciência quaternária.

Não basta louvar a sanidade ecológica das tribos indígenas. É preciso que a consciência coletiva do país respeite a natureza e lide com ela como os índios o fazem. Não basta admirar e incentivar a arte popular influenciada pelas culturas negras. Por que não introduzir nas universidades a participação da música, da dança e do corpo no ensino? Não basta louvar a minúcia, a dedicação e a técnica da cultura japonesa. Por que não introduzir nas fábricas o congraçamento diário entre dirigentes e dirigidos? Por que não transformar o bem-estar cotidiano do operário num problema espiritual do empresário, como faz a indústria japonesa? A pedagogia do oprimido no Terceiro Mundo tem sido freqüentemente reduzida à revolta e à luta de classes, enquanto as forças criativas quaternárias presentes e negligenciadas são do mesmo modo ignoradas. Nestes casos, até mesmo louváveis lutas sindicais são dirigidas alienadamente para reivindicar para si modelos empresariais alienados, consumistas e humanisticamente empobrecedores da classe operária.

A dissociação subjetivo-objetivo na metodologia científica se instituiu no *self* cultural europeu no final do século XVIII e permaneceu camuflada até hoje por uma grande defesa racionalista autointitulada de iluminismo.

A separação da Igreja Católica do Estado pôs fim ao poder secular do Santo Ofício e da Inquisição, encerrando uma longuíssima era de perseguição na Europa. Embora a Igreja tenha oficializado a Inquisição do século XII e principalmente do século XIII em diante, a perseguição religiosa às variações da fé acompanharam a institucionalização do cristianismo desde o seu início. De fato, já no ano 385, isto é, no próprio século IV em que se deu a conversão do Império Romano e sua institucionalização, o espanhol Prisciliano foi declarado herege e condenado à morte em nome de Cristo.

Se situamos o início das ciências modernas no Renascimento, a partir do século XVI, até a Revolução Francesa (1789), temos três séculos em que o pensamento científico emergente foi severamente perseguido e cerceado, principalmente nos dois primeiros. Fazer ciência e ser vigiado e ameaçado de morte tornou-se sinônimo no *self* cultural europeu católico. O confisco e a queima de livros era habitual. A prisão, a tortura e a morte de pensadores, às vezes do maior valor, como no caso de Giordano Bruno, mantinham a comunidade científica sob ameaça permanente. O patrulhamento ideológico lançado contra Darwin pelo bispo de Wilberforce em 1860, que teve lugar na famosa sessão da Associação de Ciências de Oxford e pôde ser brilhantemente combatido por T. Huxley, nos séculos anteriores teria ocorrido provavelmente num tribunal eclesiástico e provavelmente terminado com a condenação de Darwin, mesmo se tratando de um país protestante como a Inglaterra.

Por isso tudo, ao adquirir o controle das universidades e do saber no século XVIII, os cientistas inauguraram uma nova era na qual a liberdade, o saber, a tolerância, a criatividade, a inteligência e a reflexão progressista foram identificados com a objetividade, enquanto a subjetividade ficou identificada com a fé, a irracionalidade, a intolerância, a prepotência, a superstição, a ignorância e a burrice.

Ora, como vimos, ao expressar o padrão da consciência de alteridade, a ciência configuraria não apenas um maior conhecimento do mundo, mas um novo padrão de funcionamento da consciência coletiva, isto é, um novo humanismo. Assim, os filósofos do século XVIII, como, por exemplo, os enciclopedistas precursores da Revolução Francesa, estavam num caminho criativo quando denominaram este acontecimento cultural de Era das Luzes, ou Iluminismo, pois com isso reconheciam, ainda que intuitivamente, que o novo humanismo configurava um novo padrão arquetípico de consciência. No entanto, ao equacionarem este humanismo com a objetividade, e a intolerância religiosa passada com a subjetividade, racionalizaram defensivamente os fatores dissociativos do *self* cultural europeu, que acabaram conduzindo à sua dissociação no final do século XVIII e formando o seu gigantesco complexo de Frankenstein.

Esta dissociação foi tão grave e afetou de tal forma o humanismo europeu que dela sofremos até hoje, sobretudo porque o extraordinário desenvolvimento industrial e tecnológico da Europa e, posteriormente, dos Estados Unidos e da União Soviética, encarregouse de exportá-la para o resto do mundo, levando de roldão inúmeras culturas que dela não padeciam. A industrialização do Terceiro Mundo no século XX tornou a exportação dessa dissociação culturalmente devastadora. Culturas mais antigas, como as da Índia e do Japão, estão agüentando este impacto; mas culturas mais recentes e frágeis, como muitas da Ásia, da África e das Américas, estão sendo levadas no torvelinho. Diante dessa dissociação, a atual divisão política-econômica do mundo entre países capitalistas e comunistas empalidece, sobretudo porque tanto o capitalismo quanto o comunismo têm suas raízes na dissociação subjetivo-objetivo da consciência de alteridade no *self* cultural europeu.

A perseguição cultural traumatizou de tal forma o humanismo da ciência que a dissociação subjetivo-objetivo é até hoje mantida como algo natural. Basta dizer que um filósofo como Carl Popper, considerado por muitos o maior filósofo da ciência do nosso século, em sua extensa obra, não percebe esta dissociação como tal.

É difícil para filósofos e cientistas compreender esta idéia de uma dissociação do humanismo europeu, posto que ela está baseada na *patologia* do *self cultural* e da *consciência coletiva*, conceitos novos para a psicologia e a sociologia. Ao confrontar esta dissociação, evidente para todos, os filósofos tendem a enraizá-la no dualismo de Platão e Aristóteles, ou no de Descartes. Acho isso um engano que confunde o dualismo normal com o patológico.

O pensamento dualista não deixa necessariamente de ser unitário, sobretudo quando se mantém dialético. De fato, a dualidade na unidade é a base da consciência quaternária de alteridade que opera dentro de um todo integrado. Isto é completamente diferente da dissociação que separa as polaridades e as mantém separadas e inacessíveis através de mecanismos de defesa do *self* cultural (28).

A psicologia moderna é muito responsável por não ajudar filósofos e cientistas a compreenderem a diferença entre dissociação (patológica) e dualidade (normal), posto que descreve a formação da consciência normal por *splits* e defesas que não diferencia conceitualmente da patologia (29).

As conseqüências desta dissociação são inúmeras e foram exportadas para o mundo, junto com o desenvolvimento industrial e tecnológico. Entre estas conseqüências figura a pretensão de que se pode prescindir da subjetividade para se diferenciar a objetividade.

Outra conseqüência é que inúmeros métodos de vivência simbólica, entre as quais a intuição, a imaginação, a premonição e os sonhos, ligados desde tempos imemoriais à busca do conhecimento, estão bloqueados na universidade. A própria formação da consciência através dos símbolos é omitida no ensino "superior", e os fatos objetivos são transmitidos como se a psique aprendesse exclusivamente através da objetividade. O resultado tem sido uma esterilização crescente da pesquisa universitária, detectada universalmente pela pouca criatividade de suas teses, aliada a um esquecimento quase total do que se aprende em tantos anos de estudo. É evidente que o desperdício deste procedimento para o indivíduo e para o Estado é incomensurável. Para se manter esta alienação, convencionou-se escrever teses e analisar descobertas científicas, depurando-se as análises de qualquer subjetividade, de forma a manter a aparência fictícia de que a objetividade por si só se gera e se mantém.

Outra conseqüência é que pessoas com subjetividade muito desenvolvida — como os sensitivos — são impedidas de se aproximar do saber objetivo e condenadas à marginalidade cultural. A criatividade da imaginação e da intuição perseguida durante a Inquisição como herética continuou marginalizada, durante a era científica, no esoterismo e no ocultismo. Gênios como Helena Blavatsky foram impedidos de partilhar o seu saber com os centros de pesquisa vigentes simplesmente porque a vidência predominava em seu método. Com isso, fundaram-se escolas esotéricas de saber, como a teosofia, que formam ilhas marginalizadas dentro da cultura.

Isto levou um grande número de pessoas a confundir o esotérico com o objetivo. Sem perceber e diferenciar os componentes subjetivos e objetivos do conhecimento esotérico, estas pessoas tratam o conhecimento intuitivo e mediúnico como objetivo. Em vez de percebê-lo como simbólico e submetê-lo a um escrutínio quaternário para diferenciá-lo, passam a afirmar o subjetivo como se objetivo fosse, e com isso desmoralizam o conhecimento esotérico.

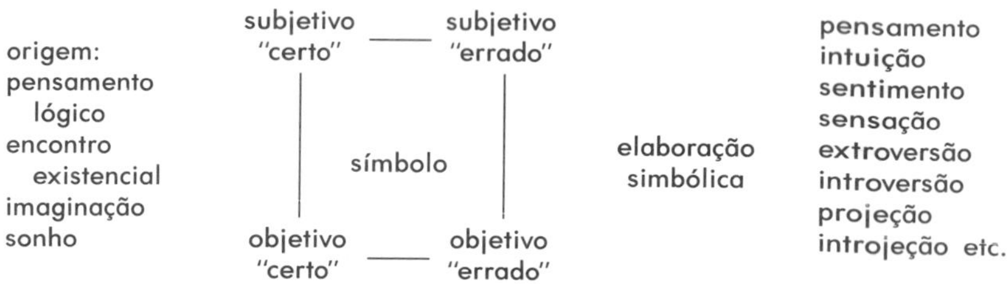

Estas pessoas podem ser honestas e bem-intencionadas, mas estão privadas do conhecimento da prática da objetividade, em parte por culpa do método científico cultural dissociado, que excluiu de sua prática diária a subjetividade. Intuem fenômenos e passam a descrevê-los, por vezes com tantos detalhes objetivos, que se tornam ridículos perante a comunidade (30). No caso de serem psicologicamente mal estruturadas, a confusão do subjetivo com o objetivo pode conduzi-las a um quadro mental patológico.

Ainda outra conseqüência é a barreira cultural que ainda hoje impede a ciência do Ocidente de receber a fertilização cruzada de outras culturas, como, por exemplo, culturas antiquíssimas como as da Índia e da China. Ciências como a ioga e a acupuntura, no mais das vezes, permanecem práticas ocultas, praticadas como curiosidades, sem poderem ser estudadas e mais bem compreendidas. É que a ioga e a medicina chinesa, não sofrendo das dissociações subjetivo-objetivo e mente-corpo como a medicina ocidental, não encontram uma relação comparativa e de mútua fertilização.

O estudo das contribuições de outras culturas através da ciência simbólica permite a busca da compreensão de suas descobertas objetivas, discriminando-as das subjetivas. Afora a aproximação intercultural que isso traria, novos caminhos seriam abertos para a ciência objetiva somente pelo reconhecimento da validade desta abordagem tão diferente.

Dentro da cultura européia, a ciência simbólica permite e estimula uma releitura das obras de cientistas e pensadores anteriores à dissociação subjetivo-objetivo no final do século XVIII, como fizeram Jung (31) e Pauli (32) com as obras de Paracelso e de Kepler, respectivamente.

Nesse sentido, os padrões arquetípicos da consciência, pelo fato de existirem em todos os indivíduos e culturas, podem servir de instrumento para se compreender diferenças, empreender pesquisas e armazenar conhecimento, valorizando-se igualmente o subjetivo e o objetivo num todo holístico.

Uma conseqüência natural de uma teoria de ciência simbólica é, por conseguinte, a *pedagogia simbólica.* A discriminação quaternária dos símbolos dentro do padrão de alteridade traz um aprendizado da inter-relação criativa subjetivo-objetivo que caracteriza a teoria do desenvolvimento simbólico comum da consciência individual e coletiva. Dentro de uma pedagogia simbólica é praticamente impossível o ensino objetivo alienado, que desconhece o subjetivo e ignora o processo de formação e amadurecimento da consciência.

Ao valorizar igualmente os dinamismos matriarcal e patriarcal, a pedagogia simbólica busca sempre um equilíbrio entre a vivência corporal e a abstração no aprendizado. Lado a lado com o pensamento e a sensação, são valorizados também a intuição e o sentimento. Com a vivência simbólica, o ensino se torna iniciático e a transferência criativa adquire papel central na relação professor-aluno.

A prática quaternária da consciência de alteridade, como já mencionei, não engrandece somente a ciência, pois se trata de um padrão de relacionamento dialético que se aplica a todas as atividades humanas. Sua vivência leva a elaboração dos símbolos ou vivências às suas últimas conseqüências e prepara a consciência para operar no quarto ciclo arquetípico, que é o ciclo cósmico. Neste ciclo, a consciência opera de forma unitária. Ao invés de contrapor os pólos eu-outro de formas variáveis, como nos outros três padrões, aqui a consciência opera integrando o eu e o outro num sentido global que insere o significado da vida no cosmo, formando um todo inseparável.

Desenvolvida extraordinariamente em civilizações muito antigas como as da Índia, da China e do Tibete, a consciência cósmica tem sido descrita, principalmente no Oriente, mas também no Ocidente, como uma consciência além do eu e da própria consciência (supraconsciência). Isto ocorre principalmente quando identificamos o eu e a consciência com os dinamismos matriarcal e patriarcal. Quando entendemos, porém, a diferença entre os quatro padrões arquetípicos da consciência, podemos perfeitamente admitir que o eu e a consciência continuam existindo na consciência cósmica, só que de uma forma unitária com o cosmo, característica esta que os diferencia muito dos demais padrões. Embora a consciência cósmica possa ser ativada e se desenvolver muito cedo na vida, sobretudo em determinados indivíduos, sejam cientistas, como Einstein, ou místicos, como Ramana Maharshi, este ciclo da consciência é aquele que nos integra no todo e, assim, nos prepara para a morte.

A dissociação subjetivo-objetivo no Ocidente não paralisou somente a integração da industrialização e do desenvolvimento científico-tecnológico num todo humano. Ao centralizar a problemática político-social no regime econômico, esta dissociação impede ideologicamente a busca do regime social-democrático, mesmo quando a ela se dedica. Ao bloquear, através da formação universitária, a vivência cultural quaternária do conhecimento objetivo e da própria vida, a dissociação subjetivo-objetivo impede a vivência simbólica plena de alteridade, condição essencial para a prática da consciência cósmica. Isso nos mutila a sabedoria em vida e nos impede o preparo para a morte. Como na lenda do holandês errante de Wagner, vagamos pelo desconhecido, condenados por nosso próprio orgulho a não saber morrer. Ao descobrir a energia atômica, chegamos à posse do fogo mais íntimo da matéria. Incapazes de integrar tamanho segredo de forma construtiva na psique individual e coletiva, jazemos, como Prometeu, acorrentados na onipotência de nossa objetividade dissociada. Enquanto somos devorados pela culpa das conseqüências crescentes de nossa insanidade, buscamos, ainda no escuro, a integração holística da genialidade científica dissociada, cuja vinda se confunde cada vez mais com a esperança da sobrevivência de nossa espécie.

Referências Bibliográficas

(1) COMMINS, S. e LINSCOTT, R. *The philosophers of science*. Nova York, Modern Pocket Library, Random House, 1954. Textos de Lucretius, Copérnico, Bacon, Descartes, Comte, Darwin, Bergson, Freud, Whitehead, Jeans, Eddington e Einstein.

(2) HOUSE, R. e MULLALY, J. *The philosophy of knowledge*. Nova York, Lippincott Co., 1960.

(3) BACHELARD, O. *La formation de l'esprit cientifique. Contribution à une psychanalyse de la connaissance objective*. Paris, Livrarie Vrin, 1960.

(4) MARGENAU, Henry. *The nature of physical reality. A philosophy of modern physics.* Nova York, MaCGraw Hill Book Co., 1950.
(5) CAPRA, F. *O ponto de mutação*. São Paulo, Cultrix, 1982.
(6) ________. *O Tao da física*. São Paulo, Cultrix, 1983.
(7) KOESTLER, A. *The act of creation*. Nova York, MacMillan Co., 1964.
(8) BYINGTON, C. "O desenvolvimento simbólico da personalidade". In: *Junguiana, Rev. Soc. Bras. Psic. Anal.*, nº 1, pp. 8-63. Petrópolis, 1983.
(9) ________. *O desenvolvimento da personalidade*. São Paulo, Ática, no prelo.
(10) ________. *Psicologia e Política. Uma interpretação arquetípica da luta de classes*. Simpósio realizado na PUC RJ pela Clínica Social de Psicanálise, impresso pela Ed. Bloc em 1981.
(11) ________. "Uma teoria mitológica da história". In: *Revista de Cultura Vozes*, nº 8, ano 76, outubro 1982, pp. 39-50. Petrópolis, Ed. Vozes.
(12) KLEIN, Melanie "Notes on some schizoid mechanisms". In: *Developments in Psychoanalysis*. Londres, Hogarth Press, 1952, pp. 292-294.
(13) MAHLER, S. M. "Autism and symbiosis. Two extreme disturbances of identity". In: *Int. J. Psychoanal.* vol. 29, 1958, in Bleger, *op. cit.*
(14) BLEGER, J. *Simbiose e ambigüidade*. Rio de Janeiro, Francisco Alves, 1977.
(15) POPPER, K. *Objective knowledge*. Oxford, Clarendon Press, 1974.
(16) BYINGTON, C. *Psicologia e política, op. cit.*, 1980.
(17) ENGELS, F. *A dialética da natureza*. Rio de Janeiro, Paz e Terra, 1976, p. 7.
(18) BUBER, M. *Eu e tu*. São Paulo, Cortez e Moraes, 1977.
(19) CHARDIN, T. *Le group zoologique humain ou la place de l'homme dans la nature*. Ed. Albin Michel, 1956.
(20) HEIDEGGER, M. *El ser y el tiempo*. México, Fondo de Cultura Economica, 1962.
(21) NEUMANN, E. *The Great Mother. An analysis of the archetype*. Nova York, Pantheon Books, 1955.
(22) JUNG, C. G. *Sincronicidade: um princípio de conexão acausal*. Obras Completas, vol. 8, Petrópolis, Ed. Vozes.
(23) BYINGTON, C. "A identidade pós-patriarcal do homem e da mulher e a estruturação quaternária do padrão de alteridade da consciência pelos arquétipos da anima e do animus". In: *Junguiana, Rev. da Soc. Bras. de Psic. Anal.*, nº 4, pp. 5-69.
(24) LÉVI-STRAUSS, C. *La penseé sauvage*. Paris, Plon, 1962, pp. 3-47.
(25) FRAZER, J. *The golden bough. The magic art*. Londres, MacMillan Co., vol. I, pp. 52-54.
(26) COMTE, A. "The positive philosophy". In: *Commins & Linnscott, The philosophers of science, op. cit.*, pp. 223-241.
(27) JUNG, C. G. *Tipos psicológicos*. Rio de Janeiro, Zahar, 1961.
(28) BYINGTON, C. "The symbol of the Antichrist and the pathological shadow of the Western cultural self. The institutionalization of christianity related to the search for post-colonialist identity in Latin America. A study of symbolic psychology". Anais do X Congresso Internacional de Psicologia Analítica. Berlim, 1986.
(29) ________. "O conceito de sombra patológica e sua relação com o conceito de mecanismos de defesa dentro de uma teoria de psicopatologia simbólica". In: *Junguiana, Rev. da Sociedade Brasileira de Psicologia Analítica,* nº 2, pp. 90-136.
(30) CHURCHWARD, J. *O continente perdido de Mu*. São Paulo, Ed. Hemus.

(31) JUNG, C. G. *Sincronicidade, princípio de conexão acausal, op. cit.*
(32) PAULI, W. "The influence of archetypal ideas on the scientific theories of Kepler". In: *The interpretation of nature and the psyche*. Nova York, Pantheon Books, 1955.

6
ABORDAGEM HOLÍSTICA: INTEGRAÇÃO DO MÉTODO ANALÍTICO E SINTÉTICO

Roberto Crema

"A natureza, nós explicamos; a vida da alma, nós compreendemos."
WILHEM DILTHEY

"Como a análise decompõe o material simbólico da fantasia em seus componentes, o processo sintético integra-o numa expressão conjunta e coerente."
C. G. JUNG

"A análise obtém seu significado somente pela síntese; sem ela, degenera num processo de desintegração desprovido de sentido."
LAMA ANAGARIKA GOVINDA

O método analítico: dividir para conquistar

No Ocidente, o método analítico foi essencialmente concebido no discurso filosófico de René Descartes (1596-1650), considerado o pai do racionalismo moderno. Suas raízes encontram-se cravadas, portanto, no paradigma cartesiano-newtoniano, gerado na heurística pensamentosfera européia do século XVII (1). À moda atomista, o método analítico implica sempre no processo de decomposição de algum objeto em seus componentes básicos e na investigação de como os efeitos dependem de respectivas causas. Seu postulado subjacente é que os fenômenos são causados e redutíveis aos seus elementos: é *redutivo-causal*.

O encantamento de Descartes pelas máquinas influenciou profundamente a sua visão de homem. Na antropologia cartesiana o ser humano é focalizado como uma engenhosa máquina, o que deu origem ao enfoque *mecanicista* na ciência. Isaac Newton (1642-1727), o grande sintetizador do paradigma que sustentou o racionalismo científico moderno, extrapolou a metáfora do homem-máquina para o universo-máquina, movido por leis necessárias e imutáveis, ampliando até os confins a visão mecanicista, implícita na abordagem analítica. Com sua ênfase empírica, apoiada na causalidade e buscando compulsivamente regularidades, tal metodologia é *determinista*, pretendendo uma função *explicativa*.

Alguns séculos após Descartes, o enfoque analítico foi aplicado à ciência psíquica, de forma modelar, pelo neurologista e psiquiatra austríaco, Sigmund Freud (1856-1939), o famoso criador da psicanálise. Refletindo a tendência dominante na sua época, Freud abordava a psicologia como uma ciência da natureza e os processos psíquicos como eventos naturais. Sua proposta foi a de uma investigação objetiva sustentada no método científico-natural, com pretensão explicativa ("Freud explica!" diz o conhecido ditado popular, apontando para o cerne do paradigma psicanalítico). Afirmava explicitamente ter erigido a psicanálise em bases semelhantes às de qualquer ciência natural, como a física ou química. Postulando tal equivalência, Freud, inclusive, considerava possível a futura substituição do seu enfoque psicanalítico pelo tratamento farmacológico bioquímico.

"Preso desde o início ao mal-entendido cientificista, Freud sucumbe a um objetivismo que retorna, sem qualquer mediação, do estágio da auto-reflexão ao positivismo da época, à moda de March, e assume, por isso mesmo, uma forma particularmente áspera", afirma o filósofo alemão e eminente crítico do positivismo, Jurgen Habermas, discorrendo sobre o "auto-equívoco cientificista da metapsicologia freudiana" (2).

O projeto de uma psicologia científico-naturalista é justificado e até mesmo necessário enquanto aplicado à esfera corpóreo-animal-máquina do ser humano. Somos também natureza física e existe certamente uma dimensão na qual estamos sujeitos à causalidade mecânica. O homem previsível, movido por uma sutil engenhoca psíquica, que Freud denominou *inconsciente* e Bérne operacionalizou como *script*, atesta o rudimentar caráter mecanicista da espécie. E é aqui que o método analítico demonstra sua comprovada utilidade e eficácia.

Analisamos para controlar, seguindo um antigo postulado estratégico: *dividir para reinar*. A operação racional de desmontar conjuntos e retalhar totalidades serve a uma aspiração de pre-cisão e previsibilidade. Não é para se estranhar, portanto, que a ciência ocidental, analítica por excelência, tenha se centrado na frenética busca de *controle* das variáveis e dos eventos. É parte inerente do analisar gerar leis que indicam regularidades e possibilitam prever os acontecimentos. Assim é que *ordenamos* o mundo, tornando-o familiar e previsível. Assim é que determinamos os fatos. Assim é que subjugamos a natureza e desvirginamos o espaço sideral.

Entretanto, o método analítico esbarra na dimensão essencial do homem. Ele fracassa diante daquilo que os antigos denominavam de Mistério. Não há bisturi habilitado para dissecar Holos reduzindo-o a meras engrenagens e explicações. Um outro caminho torna-se indispensável para o investigador que não se acovarda diante da imensidão do que Teilhard de Chardin denominou de Fenômeno Humano (3).

O método hermenêutico de Dilthey

Em direção a uma metodologia *sintética*, coube a um contemporâneo de Freud, o filósofo alemão Wilhelm Dilthey (1833-1911) contribuir de modo significativo. Dilthey, considerado um dos impulsionadores das ciências histórico-filosóficas, denunciou as contradições do método reducionista científico-natural, apontando para a dimensão do espírito. Na sua teoria da compreensão expressiva, do imenso complexo vital, Dilthey destaca, em contraposição às ciências da natureza, o domínio das *ciências do espírito*.

Habermas cita um trecho elucidativo da obra de Dilthey: "A partir das tarefas da própria vida desenvolveu-se, por assim dizer de forma vegetativa, ao lado das ciências naturais, um feixe de conhecimentos interligados entre si pelo objeto comum. Tais ciências são a história, a economia política, as ciências do direito e da política, o estudo da religião, da literatura e da poesia, da arquitetura e da música, das concepções do mundo e dos sistemas filosóficos e, por fim, da psicologia. Todas essas ciências reportam-se a uma e mesma realidade: a espécie humana. Elas descrevem e relatam, julgam e compõem conceitos e teorias com esse fato (a espécie humana). E assim aparece pela primeira vez a possibilidade de demarcar esse grupo de ciências em sua relação com o mesmo fato: a humanidade, distinguindo-as, assim, das ciências da natureza."(2) Desta forma, Dilthey apontava para um saber imediato, livre do jugo e arbítrio do método científico clássico, do positivismo e cientismo, prescrevendo basicamente dois caminhos: o da *descrição da vida* e o da *compreensão da vida* por si mesma.

Dilthey afirmava a vida como um mistério insondável suscetível de ser compreendida — e não explicada — por si mesma. Vida é totalidade e também parte: um ritmo todo-parte que pode ser vivenciado. Na filosofia diltheyana a vivência é a unidade viva do mundo histórico-social. No nexo da vivência encontra-se o *significado*, já que há de existir sentido onde houver vida.

Para Dilthey, a consciência dita o valor da experiência que é o elemento criador da atividade psíquica superior. Na sua concepção, é do *interior* que o sujeito vivencia a realidade, sendo a compreensão um ato onde experiência e teoria se entrelaçam. Enquanto eventos naturais podem ser ex-plicados através de hipóteses nomológicas segundo o método analítico, os complexos simbólicos são compreendidos a partir da interioridade relacional e da intersubjetividade, de acordo com o método hermenêutico. Enquanto a natureza se ex-plica a alma se in-plica, se assim podemos resumir um postulado básico diltheyano.

Dilthey enfatiza a conexão entre vida, expressão e compreensão: a vivência é estruturada dentro de uma totalidade significativa por conjuntos simbólicos, ligada às intenções e mediatizada por um ato de apreensão de sentido. A análise é progressiva e fragmenta um todo que pode ser imediatamente apreendido pelo saber compreensivo, como demonstra o poeta, que esse filósofo considerava a antena vital da humanidade. Por outro lado, afirmava que todo fragmento de recordação relaciona-se com a psique total, sendo o sentido da existência singular e irredutível ao conhecimento, como a *mônada* postulada por Leibniz. Na sua concepção, o fundamento das ciências do espírito é o ato-de-se-partir-da-vida: o presente está pleno do passado e prenhe de futuro, sendo o desenvolvimento de uma biografia individual caracterizado pela vivência de continuidade e autonomia espontânea de um processo vivo.

Dilthey postulava uma continuidade entre natureza e história, homem e mundo, sendo nossa tarefa primordial a compreensão da vida através do relacionamento do todo com suas partes: o significado da parte encontra-se no todo e o todo se forma a partir da compreensão das partes. Vida = Todo + Vida = Parte, eis a fórmula sintetizadora do pensamento diltheyano, conforme Pacheco Amaral (4).

Alertando contra o risco da naturalização do espírito, Dilthey apontava para a totalidade irredutível da vida da alma, origem de todos os fatos humanos. "A idéia fundamental da minha filosofia é que até agora não se colocou uma única vez a experiência plena e não-mutilada como fundamento do filosofar, portanto, nem uma só vez a realidade plena e total", sustentava esse filósofo do espírito (4). Sua obra representou um possante apelo para que voltemos à fonte de toda vitalidade, à energia infinita do espírito, ao *todo*, restabelecendo a unidade original e abrindo espaço para a compreensão da vida por si mesma.

A obra de Dilthey converge com a do grande pioneiro da abordagem holística, o filósofo sul-africano Jan Smuts (1870-1950), que postulava uma *continuidade evolutiva* entre matéria, vida e mente e uma *tendência sintética* universal por ele denominada de *holismo*. Pierre Weil, em artigo que consta deste livro, "O Novo Paradigma Holístico", oferece um excelente resumo das idéias visionárias de Smuts.

O método sintético de Jung

Carl Gustav Jung (1875-1961), médico e psicoterapeuta suíço, o erudito dissidente freudiano e um dos mais profundos repensadores deste século, a partir da sua investigação e vasta experiência clínica, já em 1916 declarava a insuficiência do método analítico na prática psicoterápica. Com sua ampla visão, postulava o método *sintético* ou *construtivo*. "O processo natural da unificação dos contrários serviu-me de modelo e fundamento para um método que consiste essencialmente em provocar intencionalmente o que a natureza produz inconsciente e espontaneamente e integrá-lo à consciência e seus conceitos", aclarava Jung dissertando acerca do árduo processo de lidar com o inconsciente visando a *função transcendente*. Tal função, virtualmente terapêutica, consiste em lançar "uma ponte sobre a brecha existente entre o consciente e o inconsciente" (5).

Considerando o método original psicanalítico um "procedimento redutivo exclusivamente causal que decompõe o sonho (ou fantasia) nos componentes de reminiscências e nos processos instintivos que lhe constituem a base", Jung justificava ao mesmo tempo que apontava para as limitações deste processo: "Ele chega ao fim no momento em que os símbolos dos sonhos não são mais passíveis de serem reduzidos a reminiscências ou anseios pessoais, isto é, quando emergem as imagens do inconsciente coletivo. Seria insensato querer reduzir tais idéias coletivas a assuntos pessoais. Não só insensato, mas também nocivo, como a experiência me tem ensinado de modo doloroso" (5). Confessando, apesar de seu aprendizado com o fracasso, sua dificuldade e hesitação em abandonar a orientação exclusivamente analítica e personalística da psicoterapia, Jung enumerou as razões para sua proposição de um novo e amplificador método sintético:

> "Em primeiro lugar, tive que me convencer profundamente de que a 'análise', na medida em que se restringe à decomposição, deve ser necessariamente seguida por uma síntese. Em segundo lugar, tive de me convencer da existência de um material psíquico praticamente desprovido de significado quando simplesmente decomposto, mas que encerra uma plenitude de sentido ao ser confirmado e ampliado por todos os meios conscientes (é a chamada amplificação). Os valores das imagens ou símbolos do inconsciente coletivo só aparecem quando submetidos a tratamento *sintético*"(5).

Foi através do fundamental trabalho com os *sonhos* que Jung diferenciou a interpretação analítica (causal-redutiva) da interpretação sintética (construtiva). A primeira, segundo o ponto de vista causal freudiano, circunscreve-se às expressões oníricas identificadas com objetos reais, e que Jung denominou de *interpretação ao nível do objeto*. Por exemplo, a pessoa sonha com uma escada e são levados em conta os significados deste objeto na busca de decifrar o episódio onírico. Enquanto que a sintética destaca a *finalidade*, além do aspecto causal, identificando cada componente do sonho com o próprio sonhador: é a *interpretação ao nível do sujeito*. No exemplo acima, a escada será considerada agora como a representação de uma parte projetada do próprio sonhador.

"A interpretação ao nível do objeto é *analítica*, pois decompõe o conteúdo do sonho em complexos de reminiscências que se referem a situações externas. A interpretação ao nível do sujeito, ao invés, é *sintética*, pois desliga das circunstâncias externas os complexos de reminiscências em que se baseia e os interpreta como tendências ou partes do sujeito, incorporando-os novamente ao sujeito (...) Neste caso todos os conteúdos do sonho são concebidos como símbolos de conteúdos subjetivos", resume Jung (5).

É interessante mencionar que, segundo os *tipos psicológicos* postulados na psicologia junguiana, Freud pode ser considerado um extrovertido, sendo Jung, declaradamente, um introvertido. Não é para se estranhar, portanto, que o primeiro tenha enfatizado o objeto (ex-terior; ex-plicação) e o segundo o sujeito (in-terior; in-plicação). Como veremos adiante, na abordagem holística — e como fazia o próprio Jung, que abordava o fenômeno psicológico do ponto de vista da causalidade e da finalidade — ambas metodologias precisam ser integradas, já que não são antagônicas e, sim, complementares.

Muitas décadas mais tarde, Frederick Perls (1893-1970), o criador da gestalterapia — possivelmente por um caminho próprio já que, curiosamente, não citou Jung, ao que me consta —, focalizou e acentuou psicodramaticamente o trabalho com o sonho ao nível do sujeito. Fritz, como era conhecido pelos seus discípulos, postulava o sonho como uma amostragem existencial: o sonho é o próprio sonhador que projeta, na tela onírica, os seus diversos conteúdos, conformando um drama, com uma mensagem sobre o momento existencial da pessoa. Para imprimir vida ao sonho, em vez de analisá-lo ou interpretá-lo, Fritz propunha a sua *revivência no presente*, com a encenação dos seus componentes significativos (6). A *identificação* com o objeto onírico é o movimento oposto ao da alienação ou projeção, constituindo um caminho integrativo de resgate do que foi projetado através do sonho. Afirmava Fritz:

> "Uma técnica gestáltica de integração é o trabalho com sonhos. Nós não fazemos jogos de interpretação psicanalítica. Suspeito que o sonho não seja um desejo satisfeito, nem uma profecia do futuro. Para mim, é uma mensagem existencial (...) Na prática, deixo o paciente encenar (*act-out*) todos os detalhes do sonho (...) Assumimos que cada parte do sonho é uma projeção. Cada fragmento do sonho, cada pessoa, coisa, estado de espírito, é uma porção de self alienado" (7).

Comparemos esta afirmação com outra, de Jung, que, quase meio século antes, sustentava:

> "Em oposição à opinião freudiana bem conhecida segundo a qual o sonho em essência não é senão a 'realização de um desejo', eu adoto, com um amigo e colaborador, A. Maeder, a opinião de que o sonho é uma *auto-representação, em forma espontânea e simbólica, da situação atual do inconsciente* (...) Toda a elaboração onírica é essencialmente subjetiva e o sonhador funciona, ao mesmo tempo, como cena, ator, ponto, contra-regra, autor, público e crítico. Esta verdade tão singela forma a base dessa concepção do sentido onírico que designei pelo título de interpretação ao *nível do sujeito*. Esta interpretação, como diz o próprio termo, concebe todas as figuras do sonho como traços personificados da personalidade do sonhador" (5).

Por outro lado, a maior contribuição de Jung para a sustentação de uma abordagem sintética creio ter sido o audacioso e vidente conceito, desenvolvido sob a inspiração da física quântica, de *sincronicidade*, calcado na simultaneidade: coincidência significativa ou princípio de conexões acausais.

A logoterapia de Frankl

Viktor E. Frankl, médico psiquiatra e doutor em filosofia austríaco, é o conhecido criador da logoterapia, por ele considerada a "terceira escola de Viena" — seguindo-se à psicanálise freudiana, centrada na *vontade de prazer*, e à psicologia individual de Adler, que destaca a *vontade de poder*. Reagindo a estas duas tendências reducionistas, Frankl ergueu a sua voz no deserto hostil racionalista da década de trinta, postulando a *vontade de sentido*. A logoterapia, que toma do denso e complexo termo grego *Logos* a tradução exclusiva de *sentido*, sustenta que a presença de um significado para a vida é um dos alicerces básicos da saúde psíquica, bem como eficaz antídoto contra a "neurose de massa" provocada pelo *vazio existencial*, tão característico das últimas décadas.

Frankl, que nasceu em 1905 e ainda vive, desenvolve uma *ontologia dimensional* como núcleo do seu enfoque teórico-prático, levando em conta a totalidade humana que não pode ser reduzida a nenhuma esfera exclusiva, seja biológica, psíquica, social, econômica etc. Nesta visão o homem *é* corpo, *é* alma e *é* espírito: corpoalmaespírito.

A logoterapia centra-se no espírito (do grego *pneuma, nous*) afirmando ser espiritual a dimensão própria e singular do homem. Tal dimensão noética caracteriza-se pelo aspecto da liberdade — que tem na vontade seu agente —, da responsabilidade, autotranscendência e religiosidade, habitando um espaço humano de valores. Para Frankl, a vontade de sentido representa o motor básico do nosso existir, o que nos impele essencialmente, sem o qual opera o vazio frustrante e estéril, fator básico de patologias diversas. "Com um *porque* pode-se suportar qualquer *como*", afirma Frankl, com a autoridade de quem sofreu durante anos a dura provação dos campos de concentração nazistas onde perdeu quase toda a sua família e onde também desenvolveu o fundamento do seu credo e proposta psicoterápica (8).

Recebendo ampla e benéfica inspiração de Dilthey, Frankl desenvolveu uma *logoteoria* dando sustentação a uma *logoatitude* na base da sua proposta psicoterápica. Penso que sua maior contribuição foi o ter construído este elegante e consistente corpo teórico-filosófico-atitudinal, mais do que sua técnica psicoterápica que, frente àquele, empalidece.

A logoterapia de Frankl fundamenta-se na abordagem *compreensiva* e num método sintético próprio, que ressalta os conceitos de sentido, totalidade, unidade, vivência, interioridade e valor, entre outros. Afirmou o logoterapeuta Ricardo Sale, que tentar apreender a dimensão propriamente humana apenas com o método científico-natural é como tentar "tomar sopa com garfo" (9). O próprio Frankl sublinhou que sua abordagem não invalida as "descobertas sérias e legítimas dos grandes pioneiros como Freud, Adler, Pavlov, Watson, ou Skinner" cujas contribuições, entretanto, apenas adquirem real importância "quando as colocamos no âmbito da dimensão humana". Conclui Frankl que neste âmbito, sem dúvida, "o homem não pode mais ser considerado apenas como uma criatura cujo interesse fundamental é o de satisfazer as pulsões, de gratificar os instintos, ou então, dentro de certos limites, reconciliar entre si o Id, o Ego e o Superego, nem a presença humana pode ser entendida simplesmente como o resultado de condicionamentos ou de reflexos condicionados. Neste âmbito, ao contrário, o homem se revela como um ser em busca de um sentido. O esvaziamento dessa busca explica muitos males de nosso tempo" (10).

O homem integrado: órgão de síntese

No seu livro *Antropologia de sintesis, ritmos y funciones del hombre planetario*, o psiquiatra argentino Ramón Pascual M. Soler afirma que o método de síntese, em princípio, não é o caminho da ciência integrada, e sim o caminho da integração do homem: um caminho vivo que vai do mundo das coisas às fontes do ser; do objeto da ciência ao ser humano que faz a ciência.

Afirmando que os dois caminhos metodológicos clássicos, o *dedutivo* — que do geral apreende o particular — e o *indutivo* — que dos fatos particulares ascende às leis gerais —, há séculos utilizados pela inteligência humana, encontram-se já esgotados, Ramón Soler indica um "terceiro caminho", de resgate da visão dos antigos alquimistas que consideravam o método e o sujeito como uma unidade indissolúvel:

> "O novo método é algo essencialmente distinto; o sujeito e a regra já não são duas coisas diferentes e sim constituem a mesma estrutura vivente do ser humano (...) Agora se abre um novo 'discurso do método' e o homem novo avança por um caminho em que o sujeito é o método. Isto supõe uma mudança total de enfoque para a epistemologia da ciência, já que, em sua nova dimensão, o método além de implicar um meio de conhecimento é também um *método de vida*"(11).

Ramón Soler destaca o sentido revolucionário desta passagem para um *método vivente* que nos habilita para a investigação da consciência inexplorada. Esse neopensador afirma que o homem da "ciência do futuro" deve participar com a sua própria vida na tarefa de sintonizar com a alma dos fenômenos que busca pesquisar. Assumir esta atitude holística que transcende a arraigada dicotomia sujeito-objeto implica superar o terrorístico ideal baconiano que liga conhecimento ao poder e que prescreve arrancar, à força, os segredos da Natureza. Esta nova qualidade de aprender é um caminho de encontro, de comunhão: de "união por similitude", de união pelo ser. É um método de *participação*, de *religação*: um salto além da fragmentada visão dualista.

Por outro lado, o "terceiro caminho", transcendendo o enfoque exclusivamente racional, compromete-se com a dimensão do significado. "A esta nova consciência oscilante e reversível chamamos 'egoência', uma consciência alternante entre a dimensão horizontal do tempo e a dimensão vertical dos significados. É um 'terceiro olho', que descobre a trama invisível que vincula entre si os acontecimentos. Dois olhos são suficientes para olhar, mas não para *ver*", declara Ramón Soler.

Postulando a *síntese* como expressão de um campo unificado de consciência cuja porta de acesso é uma indispensável terceira visão, o médico e filósofo Ramón Soler assinala nossa carência do "órgão de síntese". Somos ricos em termos de conhecimentos e miseráveis quanto a significados: a crise da ciência é, fundamentalmente, uma *crise de visão*. E em que consiste um órgão de síntese? Na superação das polaridades, na inspiração e experimentação, profecia e ciência-tecnologia, ciência pura e aplicada, fé e razão, conhecimento e vida, responde Ramón Soler.

Enfim, o verdadeiro catalisador do processo de síntese é o próprio *homem integrado*. Um método de síntese extrapola o mero discurso e regras de procedimento, exigindo uma mudança de *ser* no homem. Além da teoria, envolve uma nova atitude diante da vida e do real. É um caminho vivo e evolutivo, indissoluvelmente ligado ao próprio caminhante.

Krishnamurti: monumento vivo de síntese

O sábio hindu Jiddu Krishnamurti (1895-1988) dificilmente poderá ser enquadrado em qualquer sistema ou escola conhecida. Mestre da consciência, mundialmente reconhecido por sua vasta obra, congruente com sua longa e fecunda vida, Krishnamurti sempre e lucidamente criticou e abominou qualquer tipo de método para se chegar ao conhecimento da realidade viva. Por ter percorrido e postulado sistematicamente este caminho, considero ter sido *este* o seu método: o *não-método*, que pode ser considerado *sintético radical*.

Desde 1927, quando rompeu audaciosamente com a Sociedade Teosófica que o preparava desde criança, por sua excepcional natureza, para assumir a função de um mestre universal, Krishnamurti seguiu insistindo que a verdadeira liberdade consiste na rejeição do conhecido, pregando uma revolta da inteligência contra todo tipo de padronização e de hábitos que só produzem a mediocridade. Para Krishnamurti a autêntica educação é um processo de facilitar a compreensão do significado da vida como um todo, gerando entes humanos integrados e inteligentes. "Inteligência é a capacidade de perceber o essencial, *o que é*; despertar essa capacidade em si próprio e nos outros, eis em que se resume a educação", afirmava com maestria aquele que nunca aceitou o papel de mestre (12). Assinalando a tendência do nosso sistema educacional como centrado na adaptação, na perversa comparação, na repetição do introjetado, constituindo-se em fábrica geradora de seres subservientes e mecânicos, "incompletos, estultificados e estéreis", Krishnamurti destacou a *intuição* como o intenso estado desperto da inteligência, característica do ser humano consciente e independente.

Denunciando o absurdo de se pretender atingir o todo apegando-se às partes, Krishnamurti postulava a *atenção-sem-escolha*, atenção pura e isenta do processo mecânico do reconhecimento e do pensamento, que são reflexos mortos das experiências passadas, resíduos, entulho, memória. Consciência é a negação, a cada instante, de todo o passado: é uma comunhão com a realidade originada no silêncio, essência do vazio. A completa "imobilidade do cérebro" gerando o fim do pensamento e princípio da meditação, espaço de infinita bênção, eis a postulação básica e o provocador desafio de Krishnamurti:

> "O intelecto, o pensamento, o sentimento e a consciência nascem do vazio da mente. A árvore não é a palavra que a designa, não é as folhas, os galhos ou as suas raízes; é o conjunto desses elementos que forma a árvore, e esta, por sua vez, nada tem a ver com suas partes componentes. O conteúdo mental é um atributo da mente, que em si é o vazio, mas não é a própria mente. O tempo e o espaço vicejam nesse vazio. A vida e seus inumeráveis problemas formam o conteúdo do cérebro. Limitado por natureza, o cérebro é incapaz de apreender a vastidão da mente, porque o todo não é a soma das partes. No entanto, contrariamente a este princípio, o cérebro busca formar o todo através da união das partes que se contradizem" (13).

Desprezando o processo de acúmulo, negando qualquer tipo de evolução progressiva, Krishnamurti apontava para a prioritária necessidade de uma revolução interior traduzida pela mutação de consciência, instantânea, salto abrupto, descontinuidade radical, no mesmo ato transformadora do homem e do mundo que são inseparáveis. Tal mutação de consciência jamais será produto da análise: desta nasce o analista isolado e o conflito inexorável. Na atenção total é dissolvida a dualidade sujeito-objeto, extinguindo-se o medo. Acontece então a mudança real, que consiste, simplesmente, em *ser o que se é*. Nenhuma escolha, nenhum esforço, nenhum ideal, nenhum centro: só êxtase, onde amor e morte enlaçam-se no vazio fértil; só o borbulhar pleno da vida na eternidade do aqui-e-agora.

Sempre implacável, sóbrio e devastador, o caminho de Krishnamurti é o da negação de tudo que não é essencial. Gigante solitário, no Ser fixou a sua residência. Monumento de síntese, brado de alerta, despertador de homens, Krishnamurti.

Sinopse do caminho analítico e sintético

Esboçando um resumo, o método *analítico* moderno é um importante fruto do racionalismo científico que ergueu-se como saudável e necessária reação ao indiferenciado obscurantismo medieval que simbiotisava religião e ciência sob a tirania da 'Santa' Inquisição. Focaliza a parte, buscando as unidades constitutivas e atuando como eficiente bisturi retalhador de totalidades. Gerou o enfoque disciplinar caracterizado pela tendência reducionista e unilateralidade de visão. Sustentado no paradigma mecânico clássico, inclinou-se para um enfoque mecanicista. Caracteriza-se pelo aspecto quantitativo, perseguindo o ideal da codificação matemática. Fundamenta-se, sobretudo, na razão e sensação, dirigindo-se pelos conhecidos cinco sentidos humanos. Parte do princípio da forçosidade, ou seja, prescreve a existência de leis necessárias e gerais que engendram o determinismo, visando o controle e a previsibilidade. Veste o aparamento sofisticado da exatidão. Implica a abordagem linear da causalidade: todo fenômeno é efeito de uma causa. É progressivo, acumulativo. Parte de uma atitude básica extrovertida, afirmando-se como excelente instrumento de estudo e exploração do espaço exterior. Tem como meta ideal a objetividade e isenção valorativa, excluindo a subjetividade do seu manipulador. Sua vocação é experimental: seu produto típico é gerado em laboratórios sofisticados com manipulação impecável das variáveis. Seu substrato neurofisiológico — levando em conta a interconexão cerebral — é o hemisfério esquerdo, da racionalidade, predição e angústia humana. Caracteriza a mentalidade típica do ocidental. Postula uma função explicativa: objetiva explicar ativamente o universo.

O método *sintético* delineou-se no final do século XIX e início deste, como uma reação à fragmentação e dissociação geradas pela síndrome do analisicismo. Focaliza a totalidade, a interconexão, a forma, a *gestalt*, visando o processo de vinculação e unificação. Sua tendência é ampliativa e de integração. É uma via qualitativa que se indica mais por linguagem poética e através de metáforas, por seu caráter inefável. É orgânico, retomando os ritmos vitais. Fundamentado principalmente nas funções psíquicas do sentimento e intuição. Parte de um espaço de indeterminismo, de intrínseca liberdade e responsabilidade. Enfatiza a participação e a singularidade de cada encontro. Ocorre na instantaneidade, no salto abrupto, no *insight*: é não-cumulativo. É sincronístico, reconhecendo as coincidências significativas ou o princípio das conexões acausais ou a transcausalidade segundo Progoff (14). Reveste-se de tecido vivo, flexível e impreciso, desapegado da exatidão. Amplia-se no aspecto descritivo e biográfico. Guia-se por uma visão introspectiva que descortina e investiga o espaço interior. Assume um caráter consciencial subjetivo, a intersubjetividade e os valores. Focaliza a finalidade, o significado ou sentido. Sua vocação é experiencial: seu produto típico é fruto do laboratório vibrante da vivência humana. Seu substrato neurofisiológico é o hemisfério cerebral direito. Caracteriza a mente clássica do oriental. Não se distingue do sujeito. Exerce uma função compreensiva: é um caminho para se compreender contemplativa e participativamente o universo.

Destaco, no quadro sinóptico abaixo, as características predominantes do método analítico e do sintético, ressaltando ter este uma finalidade apenas didática e indicativa:

Método Analítico	**Método Sintético**
• Reação ao dogmatismo e obscurantismo medieval	• Reação ao racionalismo positivista e analisicismo moderno
• Ênfase na parte	• Ênfase na totalidade
• A serviço da decomposição	• A serviço da unificação
• Fatos específicos, particulares	• Realidade plena, total
• Tendência reducionista	• Tendência ampliativa, globalista
• Via quantitativa	• Via qualitativa
• Caráter mecanicista	• Caráter organicista
• Fundamentos principais: razão e sensação	• Fundamentos principais: emoção e intuição
• Somático (5 sentidos clássicos)	• Psíquico
• Necessidade e leis	• Liberdade e responsabilidade
• Determinista	• Indeterminista
• Exatidão, regularidade	• Incerteza, flexibilidade
• Codificação matemática	• Codificação poética-metafórica
• Reprodutividade	• Unicidade
• Visa o controle	• Visa a participação
• Previsibilidade	• Imprevisibilidade (inclui Mistério)
• Geral, regularidade	• Singular, biográfico
• Inclinação indutiva	• Inclinação dedutiva
• Progressividade, acumulação	• Instantaneidade, descontinuidade
• Relação causal	• Relação acausal: sincronicidade
• Ponto de vista da causalidade	• Ponto de vista da finalidade (sentido)
• Espaço externo (exterioridade)	• Espaço interno (interioridade)
• Nível do objeto	• Nível do sujeito
• Realidade objetiva	• Consciência, valores
• Experimental	• Experiencial
• Hemisfério cerebral esquerdo	• Hemisfério cerebral direito
• Exclusão do sujeito (dualidade)	• Inclusão do sujeito (não-dualidade)
• Função explicativa	• Função compreensiva
• Aplicado às ciências da natureza	• Aplicado às ciências do espírito
• Alguns mentores: Galileu, Bacon, Descartes, Newton, Freud, Berne...	• Alguns mentores: Dilthey, Smuts, Jung, Soler, Frankl, Krishnamurti...

Holística: integrando análise e síntese na dinâmica todo e as partes

Quero sublinhar que estes dois métodos — o analítico e o sintético — são complementares e não antagônicos. O termo *complementaridade* foi proposto por Niels Bohr como solução do paradoxo partícula-onda da física subatômica e pode ser aplicado, perfeitamente, ao paradoxo metodológico análise-síntese que estamos abordando. Nunca é demais alertar para o equívoco decorrente da miopia de uma visão extremista e excluidora. A parcialização analítica é um processo necessário e saudável desde que seguida por uma integração sintética que vincula e restaura. Enfim, a análise decompositora precisa ser sucedida — e não substituída — por uma síntese unificadora.

A ênfase excessiva na análise — na parte — conduz ao reducionismo escotomizante, enquanto a focalização unilateral na síntese — no todo — conduz ao globalismo obscurecedor: dois caminhos opostos que conduzem à alienação e desequilíbrio.

Karl Jaspers (1883-1969), filósofo existencialista e psiquiatra alemão, discorrendo sobre a necessidade de se empreender reflexões metodológicas, afirmava que na prática do conhecimento necessitamos de vários métodos simultaneamente, enfatizando três grupos:

1. apreensão dos fatos particulares que implica na separação, delimitação (análise, portanto) e descrição fenomenológica;

2. investigação das relações, onde o *explicar* refere-se ao conhecimento de conexões causais objetivas, vistas do exterior, enquanto *compreender* diz respeito à intuição do psíquico, adquirida na interioridade; e

3. percepção das totalidades, para não se cair no grave erro de se esquecer o todo, no qual e pelo qual a parte subsiste[(15)].

Para Jaspers, este todo não se faz diretamente objeto, existindo uma polaridade onde a totalidade é vista pelos elementos, e esses a partir daquela, subsistindo o círculo: a determinação recíproca da parte e do todo. Neste enfoque, o todo, o horizonte do ser humano, nasce de uma liberdade inacessível à investigação empírica. Concluindo, Jaspers assinala que o trabalho científico só fará progressos se analisar, mas, se nisto se limitar, fatalmente morrerá, impossibilitado de distinguir o essencial do não-essencial (15).

Esboçando uma representação diagramática resumo:

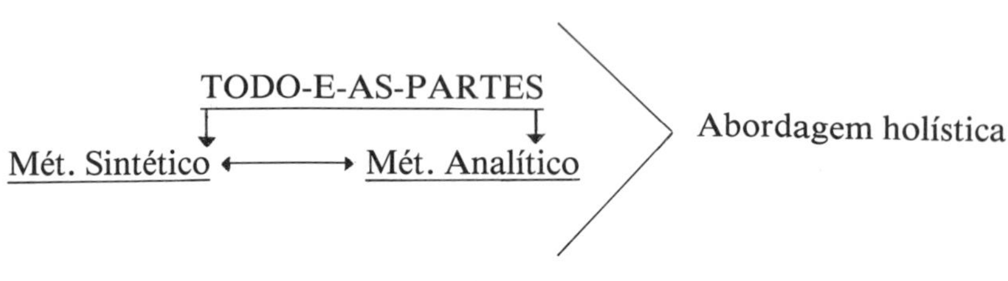

Gosto de representar a complementaridade do método analítico e sintético num simples diagrama onde o símbolo do Infinito (∞) faz a conexão dinâmica e heurística, a ponte pulsante e contínua de superação desta polaridade:

MÉTODO ANALÍTICO ∞ MÉTODO SINTÉTICO

Ressalto que a abordagem holística não é nem analítica nem sintética; caracteriza-se pelo uso simultâneo e conjunto ou da sinergia destes dois métodos. Ousando uma analogia útil para este entendimento, podemos afirmar que o substrato neurofisiológico envolvido nesta abordagem não é nem o hemisfério cerebral esquerdo nem o direito e sim o *corpo caloso*, um espesso feixe de nervos agregando milhões de fibras nervosas que interligam estes dois centros cerebrais, exercendo a transcendente função de *interconexão hemisférica*. Neste sentido, o corpo caloso pode ser entendido como uma outra metáfora apontando para o que Soler denominou de "terceiro olho", indispensável para *ver* e *interligar*.

Com outras palavras, a abordagem holística representa uma superação das necessárias vias analítica e sintética, um *metamétodo*, um salto qualitativo de apreensão da realidade, um caminho para a visão inclusiva que vivifica e articula a dinâmica *todo-e-as-partes*, facultando o exercício da transdisciplinaridade (16).

Qualquer abordagem holística em psicoterapia, na minha forma de ver, exige da parte do facilitador a habilidade analítica e a sintética: o *analista* e o *sintetista* facilitando que o humano se revele a si mesmo na sua dimensão restrita-e-ampla, fragmentada-e-total, relativa-e-absoluta.

O enfoque que eu desenvolvo com o nome de Síntese Transacional sustenta-se na metodologia analítica e na sintética. Evidentemente, pelo próprio título, enfatiza a *síntese*, e o faz por uma razão ocidental histórica: através dos últimos séculos desenvolvemos e hipertrofiamos o enfoque analítico até as raias da loucura. Esquizofrenizamos nossas existências e encontramo-nos encarcerados num viver esfacelado e desconectado de um sentido maior e essencial. Qual corpo de Osíris, esquartejado pelo bisturi analítico, espalhamos nossos pedaços pela terra por nós também dividida, transformada em perene campo de batalha: parte contra parte, nosso drama dissociativo e conflitivo sem fim. O homem em conflito com os seus fragmentos, especializado em seu conhecimento e atomizado em seu coração, arrancado e exilado do Todo, não será esta a contundente metáfora da neurose coletiva dos nossos tempos? Este crucial *impasse de espécie* que vivemos está a nos exigir, como imperativo, o contágio restaurador do *espírito de síntese*. E por ter sido sempre uma sofrida testemunha desta contradição promotora de uma enfermidade básica dissociativa, nem por um instante hesito na denominação Síntese Transacional, um dos muitos caminhos que emergem do solo fértil da abordagem holística.

Experimento

Uma experiência singela pode conduzir a uma compreensão vivencial talvez mais plena do que aquela que se obtém através da reflexão sobre este árido discurso metodológico. Para isto, basta apenas que o leitor tenha à sua disposição duas rosas.

1. Apanhe uma das rosas e submeta-a ao método analítico. Para tanto, explore-a o mais exaustivamente possível: destacando as suas partes, vasculhando o seu interior, apreciando-a com todos os cinco sentidos, não deixando nenhum recanto seu inexplorado. Operação analítica concluída, pergunte a si mesmo, profundamente: "Onde está a rosa?".

2. Agora segure a outra rosa delicadamente, e busque apreendê-la pela via sintética: apenas olhe para ela com total atenção, buscando sintonizar-se com o seu ser. Contemple-a na maior comunhão possível. Caso o observador desapareça, mergulhe na vivência plena vivificante.

3. Reflita sobre as funções complementares e sobre a necessidade destes dois métodos, assim como necessitamos de duas pernas para, com nossos passos, empreender qualquer jornada.

Referências bibliográficas

(1) CREMA, Roberto. *Introdução à visão holística — breve relato de viagem do velho ao novo paradigma*. São Paulo, Ágora, 1989.

(2) HABERMAS, Jurgen. *Conhecimento e interesse*, Rio de Janeiro, Zahar, 1982.

(3) TEILHARD DE CHARDIN, P. *O fenômeno humano*. São Paulo, Herder, 1970.

(4) PACHECO AMARAL, Maria de Nazaré C. *Dilthey: um conceito de vida e uma pedagogia*. São Paulo, Perspectiva e USP, 1987.

(5) JUNG, C. G. *Estudos sobre psicologia analítica, Obras Completas*, Vol. VII. Rio de Janeiro, Vozes, 1981.

(5) JUNG, C. G., *O homem à descoberta de sua alma*. Porto, Tavares Martins, 1962.

(6) PERLS, F. S. *Gestalterapia explicada*. São Paulo, Summus, 1976.

(7) PERLS, F. S. *Isto é Gestalt*. São Paulo, Summus, 1977.
(8) FRANKL, Viktor. *Em busca de um sentido — um psicólogo no campo de concentração*. Porto Alegre, Sulina, 1987.
(9) SALE, Ricardo e Juan Alberto. *Seminário de formação em logoterapia*, Brasília, 1986.
(10) FRANKL, Viktor. *Um sentido para a vida*. Aparecida, Santuário, 1989.
(11) SOLER, Ramón P. Muñoz. *Antropologia de sintesis, ritmos y funciones del hombre planetario*. Buenos Aires, Depalma, 1980.
(12) KRISHNAMURTI J. *A educação e o significado da vida*. São Paulo, Cultrix, 1976.
(13) KRISHNAMURTI, J. *Diário de Krishnamurti*. São Paulo, Cultrix, s/d.
(14) PROGOFF, Ira. *Jung, Sincronicidade e destino humano*. São Paulo, Cultrix, 1989.
(15) JASPERS, Karl. *Psicopatologia geral*, Rio Janeiro, Atheneu, 1979.
(16) Declaration de Venise, Colloque de Venise, "La Science face aux confins de la connaissance: le prologue de notre passé cultural", Rapport Final, Unesco, 1986.

7

FRONTEIRAS E SUPERPOSIÇÕES DO HOLICISMO COM ALGUNS SISTEMAS CIENTÍFICOS

Borisas Cimbleris

No momento, o holicismo é um movimento de idéias e não um corpo de doutrina. Entretanto, há que demarcá-lo, para que não resulte caótico, e neste esforço disciplinar tornar-se-á mais forte. O que quer que seja, não coincide exatamente com o holismo de Smuts* (1), onde o termo aparece pela primeira vez.

A idéia básica tem afinidade com o *élan vital* de Bergson (2) e com a evolução emergente de Lloyd Morgan (3), que no entanto não construíram sistemas baseados no princípio organizador de um todo. E existem conexões evidentes com os pré-socráticos, dignas de estudo. Também Teilhard (4) tem pontos de vista afins com o holicismo, dentro de um sistema muito condicionado.

A palavra *holon* vem de Koestler (5) (1968), pensador que, conhecido geralmente como escritor, tinha o dom de expor suas idéias com incisiva clareza e precisão. Pode-se encontrar pepitas epistemológicas na sua matéria polêmica e ficcional. Temos aqui um precursor quase profeta.

Os pensadores mais recentes, que dinamizaram o movimento, não pensaram em cingi-lo com definições rígidas. Assim, Capra (7) e Ferguson (6), ao fazerem uma abordagem multilateral e multidisciplinar, têm o cuidado de não limitar o holismo criando mais uma escola ou religião. É muito importante manter o sistema aberto.

* *Holism and evolution* é o único livro filosófico de Jan C. Smuts, político e estadista sul-africano. Parece-me um tanto irônico que a palavra tenha sido criada pelo marechal autoritário e rígido, criador da União Sul-Africana. Em parte, por isso, uso a palavra "holicismo".

Teoria geral dos sistemas

O holicismo tem a ver com sistemas, e existe uma teoria formal que pretende abranger quaisquer sistemas. A dificuldade começa na própria definição de sistema. Eu mesmo tinha uma coleção de vinte e uma definições (ver Von Bertalanffy (8) e Jordan (9). Acontece que o sistema, matematicamente definido da forma mais geral possível, abrange quase tudo, mas aplica-se a quase nada, no sentido de não obter conclusões que não possam ser obtidas por outros métodos. Para uma classificação esclarecedora, ver Klir (10).

Os autores tendem a passar imediatamente para sistemas reais, determinísticos ou probabilísticos de elementos bem-definidos e restritos; e daí para aplicações técnicas, de engenharia. A Systems Engineering utiliza os resultados da teoria geral dos sistemas, mas em que aplicações? Quando uma empresa estadunidense ostenta Systems no nome, há uma alta probabilidade de que esteja dedicada à produção de armamentos sofisticados e automatizados. Mas pode também estar empenhada em jogos, no sentido eufemístico da palavra, estudo de cenários mundiais com Estados em confronto.

O que nos interessa é esclarecer a interação de hólons em vários níveis, incluindo a de nós outros com a noosfera. O nosso negócio são os sistemas auto-organizados estruturados hierarquicamente. Ou, para retirar a conotação militar ou eclesiástica da hierarquia, "holarquicamente".

Neste contexto, podemos dizer que os trabalhos sistêmicos de interesse para o holicismo agrupam-se em torno do novo paradigma, sendo de inspiração principalmente biológica, porquanto os principais sistemas auto-organizadores abertos hierárquicos são os seres vivos.

Termodinâmica das redes

Katzir-Katchalsky (11), Eigen (12), Prigogine (13) pesquisaram as leis da organização e da evolução de organismos, entendidos em base muito ampla. Temos dois prêmios Nobel nessa lista. Se incluirmos Monod (14) e Jacob (15), eis que o ideário se torna imponente. Mas sua relação com o holicismo é indireta, e aliás ainda não foi estudada.

O novo paradigma, para fixar as idéias numa palavra, é definido mais claramente pelos trabalhos de Foerster (16), Atlan (17), e num contexto humano, por Morin (18), Castoriadis (19) e Piaget (20). A análise das diferentes contribuições exigiria um livro. Há uma importante contribuição de médicos como Maturana e Varela (21). Entre nós (UFMG), estudam-no Nelson Vaz, Evando Mirra e Célio Garcia.

As inter-relações entre a complexidade pelo ruído e a teoria da informação e a termodinâmica dos processos irreversíveis são complexas. Os estudiosos apóiam-se de maneira diferente em disciplinas bem desenvolvidas. Assim, Prigogine apóia-se na termodinâmica dos fenômenos irreversíveis, que é o seu campo incontestado; Atlan, na teoria da informação e na teoria dos grafos; Ashby, na cibernética; Foerster, na teoria das probabilidades; Eigen, na biologia molecular; Piaget, na psicologia; Morin, Serres e Castoriadis, na sociologia; Dupuy, na economia. Assim, as diferentes ênfases criam uma colcha de retalhos ainda por costurar.

Aliás, a dificuldade do estudo do holicismo está na multiplicidade dos referenciais, das bases de suporte, dos entrelaçamentos entre praticamente todos os ramos da ciência. Mesmo porque as ciências já não são estanques — as fronteiras multidisciplinares se esbatem, se superpõem, se interpenetram.

Se, de um lado, isto enriquece as fontes do holicismo, de outro torna difícil o acompanhamento da sua evolução. A fim de visualizar esta dificuldade, tentarei traçar o perfil do observador ideal, do paradigma de holicista. Assim, ele deverá ser filósofo e cientista completo. Enquanto cientista, deverá ser biólogo e engenheiro; físico, químico e médico; psicólogo, sociólogo e economista, com especialização em futurologia, ecologia e política global. E enquanto filósofo, ter a mente muito aberta para as regiões comumente excluídas do universo científico-metafísico, misticismo, conexões transpessoais. Mas além disso, de preferência, deve falar todas as três mil línguas do planeta, ter estado em todos os países, ter assistido a todos os congressos importantes no decurso de sua vida, ter convivido com todos os homens e mulheres inteligentes; ter acompanhado todas as grandes tendências literárias e artísticas.

Em resumo, é preciso que alguém tenha tido a abrangência que é obviamente vedada a um só indivíduo, ainda que dotado de recursos materiais ilimitados, absolutamente livre e infinitamente curioso. Não vejo solução para isto, se não a de trabalharmos num plano universal de compartilhamento de conhecimentos e idéias.

Teoria das catástrofes

A título de lembrete final, o holicismo está vitalmente interessado no surgimento de formas. Assim sendo, há de fazer uso das idéias disponíveis sobre a morfogênese emergente.

A formulação mais profunda e abstrata desta acha-se na obra de Thom (22). Basicamente matemática, esta teoria é muito difícil, por ser técnica. Foi afoitamente aplicada (não pelo próprio autor) a domínios complexos, tais como a fisiologia (modelo de um animal atacando), a economia (crises das bolsas de valores), a psiquiatria (fronteiras da doença mental), o que contribuiu para o descrédito da teoria em certa época. Isto porque se fizeram aplicações prematuras a problemas ainda não matematizáveis.

É preciso lembrar que a teoria das catástrofes funciona perfeitamente nas aplicações físicas (cáusticas, transformações de fase, fenômenos críticos) (23) e técnicas (flambagem, estabilidade de estruturas) (24).

Num mundo em crise, é certamente útil uma teoria geral das crises, não especulativa e sim rigorosa, capaz de nos fazer entrever a forma das coisas por vir.

Haveria que falar ainda da sinergética de Haken, que aborda mais ou menos os processos irreversíveis, porém não houve tempo de analisar sua relação com o holicismo. Não se deve confundir essa disciplina com a sinergia de Buckingham Fuller, muito menos com a de Ruth Benedict e Sóroham Maslow.

Referências Bibliográficas

(1) SMUTS, J. C. *Holism and evolution*. Nova York, 1926.

(2) BERGSON, Henri. *L'évolution créatrice*, 1907. (Dos livros de Bergson, é o mais pertinente à ordem de idéias que nos concerne.)

(3) MORGAN, C. Lloyd. *Emergent evolution*. Londres, 1923. (O mais característico dos dez livros do autor, publicados entre 1890 e 1933.)

(4) TEILHARD DE CHARDIN, Pierre. *Le phénomène humain*. Paris, Seuil, 1955 (ed. revista de 1947). (São dezessete os livros básicos de Teilhard.)

(5) KOESTLER, Arthur. *The holon, in Bricks to Babel*. Londres, 1980. (Versão condensada de parte de *Ghost in the machine*, 1967.)

(6) FERGUSON, Marilyn. *The Aquarian conspiracy. Personal and social transformation in the 80's*. Los Angeles, J. P. Tarcher, 1980.

(7) CAPRA, Fritjof. *O ponto de mutação*. São Paulo, Cultrix, 1986.

(8) BERTALANFFY, Ludwig von. *General systems theory*. Petrópolis, Vozes, 1973. (Síntese de dezoito trabalhos do autor, que se estendeu de 1940 a 1967. A idéia data de 1937.)

(9) JORDAN, N. "Some thinking about 'system'." In: Optner, S. L. (ed.), *Systems analysis*. Harmondsworth, Penguin Books, 1973.

(10) KLIR, G. L. *An approach to general systems theory*. Nova York, Van Nostrand-Reinhold, 1969. 1.6, Classification of Systems, pp. 69-73.

(11) KATCHALSKY, A. e CURRAN, P. F. *Nonequilibrium thermodynamics in biophysics*. Cambridge, Harvard University Press, 1965.

(12) EIGEN, Manfred. "Self-Organization of Matter and the Evolution of Biological Macromolecules". *Die Naturwissenschaften* 58, 465-523, 1971.

(13) GLANSDORFF, P. e PRIGOGINE, I. *Thermodynamic theory of structure, stability and fluctuations*. Nova York, Wiley, 1971. Tb. Masson, 1971. Menos técnicos e mais pertinentes ao holicismo são: com ISABELLE Stengers,

La nouvelle alliance (1979) ou *Order from chaos. Mans new dialogue with nature.* Nova York, Bantam Books, 1984. NICOLIS, G. e PRIGOGINE, I. *Self-Organization in Nonequilibrium Systems.* Nova York, Wiley, 1977.

(14) MONOD, Jacques. "Le hasard et la necessité". In: *Chance and necessity.* Nova York, Vintage Books, 1972.

(15) FRANÇOIS, Jacob. *La logique du vivant.* Paris, Gallimard, 1970.

(16) FOERSTER, H. von. "On self-organiging systems and their environment". In: Yovitz e Cameron (eds.), *Self-Organizing systems.* Londres, Pergamon, 1960.

(17) ATLAN, Henri. *Entre le cristal et la fumée.* Paris, Seuil, 1979. (A obra deste autor abrange artigos e comunicações em congressos, com enfoque predominantemente biológico.)

(18) MORIN, Edgar. *Le paradigme perdu: la nature humaine.* Paris, Seuil, 1973.

(19) ________. *La méthode.* Seuil, 1977.

(20) CASTORIADIS, C. *Le carrefour du labyrinthe.* Paris, Seuil, 1978.

(21) PIAGET, J. "Les deux problèmes principaux de l'épistemologie biologique". In: *Logique et connaissance scientifique.* Paris, Gallimard, 1967.

(22) MATURANA, H. e VARELA, F. *Autopietic systems: a characterization of the living organization.* Biol. Computer Lab. Reports 9.4, University of Illinois, 1975.

(23) THOM, René. *Stabilité structurelle et morphogénèse. Essai d'une théorie générale des modèles.* Paris, InterEditions, 1977.

(24) GILMORE, Robert. *Catastrophe theory for scientists and engineers.* Nova York, Wiley, 1983.

(25) THOMPSON, J. H. T. *Instabilities and catastrophes in science and engineering.* Nova York, Wiley, 1982.

8

FUNDAMENTOS PROPRIOCEPTIVOS DE ALGUNS CONCEITOS DA FÍSICA TRADICIONAL, DA FÍSICA MODERNA E DA METAFÍSICA

José Ângelo Gaiarsa

Sou um defensor perpétuo do corpo humano e não preciso mais que o corpo para entender tudo o que há no homem. Basicamente, esta é a tese que vou tentar ilustrar. Vou provar — e diria por A + B — que somos criação contínua, e que não poderíamos ser outra coisa. E isso é uma visão pura e simples de como a ciência vê o corpo. Já não digo do físico, que nos diz, hoje, que a cada momento o universo é criado e destruído. Posso dizer também que, bioquimicamente, a cada momento sou criado e destruído. Mas essas verdades estão muito longe da nossa experiência pessoal.

Queria trazer dois argumentos que mostram que somos criação contínua, queiramos ou não, o tempo inteiro. Estranho não é que as pessoas queiram andar sempre e progredir. Estranhíssimo é as pessoas pensarem que poderiam parar, porque até uma planta cresce a cada instante. Então, crescer, buscar sempre mais, nada é mais natural no ser vivo e, talvez, no universo vivo.

Primeiro, nossos movimentos. Somos um boneco com duzentas e tantas alavancas articuladas, movidas por trezentos mil cordéis perfeitamente isolados e definidos, que são os neurônios motores e as unidades musculares que eles controlam.

Vamos esquecer a complexidade dos nomes e vamos ficar com: somos um boneco com duzentas alavancas e trezentos mil cordéis a nos mover; além disso, cada um desses cordéis pode ter, no mínimo, dez graus de tensão diferentes. Portanto, temos, para nos mover ou para manter posições, três milhões de esforços elementares fazendo isso por nós o tempo inteiro. O nosso companheiro estatístico poderá confirmar — e espero que confirme — que, dentro dessa descrição, é impossível para qualquer um de nós fazer, exatamente, duas vezes o mesmo gesto. Estatisticamente, é impossível um boneco com duzentas alavancas e trezentos milhões de cordéis a movê-lo fazer o mesmo movimento duas vezes.

Em segundo lugar, a nossa sensibilidade. Se admitirmos que cada milímetro cúbico da nossa substância viva tem dois ou três pontos sensíveis, com umas continhas fáceis concluímos que temos de sete a oito milhões de pontos sensíveis no corpo. E de novo chegamos à mesma conclusão. Quando faço uma carícia no braço de uma pessoa querida, mesmo que aparentemente eu esteja repetindo o mesmo gesto, na verdade, a cada vez as sensações são diferentes e, de novo, é preciso um rigor científico de laboratório para conseguir fazer uma estimulação igual duas vezes.Tomar uma agulhinha, imobilizar o braço, fazer mil engenhocas para não sair nada do lugar. Aí talvez se consiga produzir duas sensações iguais. Mas em condições usuais de vida jamais repetimos duas vezes as mesmas sensações.

Portanto, o problema não é evoluir. O problema é a evolução da percepção. Fala-se muito, aqui, em ampliação da consciência. Ampliação da consciência é ampliação da sensibilidade humana, que é, em termos práticos, infinita, nos seres vivos em geral.

Li, há poucos dias, um dado estarrecedor para mim. As formigas vão seguindo a trilha e largando um cheirinho. Um miligrama dessa substância permitiria a um bando de formigas dar duas vezes e meia a volta ao mundo. Seguindo o cheiro de um miligrama dessa substância! Isso quer dizer que não há análise química, no mundo, que tenha essa sensibilidade. Elas sentem, praticamente, cada molécula do cheiro que emitem.

Num filme secundário de televisão, havia um famoso mestre de artes marciais japonesa cuja diversão era manejar os dois pauzinhos da alimentação japonesa para pegar moscas. Ele treinava a agilidade e a precisão com esse brinquedo. Dizemos: mas que idéia absurda! Quem vai conseguir isso? Todas as aves conseguem isso, mesmo as que têm um bico enorme. Elas passam voando e pegam uma mosquinha, no ar, com essa precisão.

Não há limite para a sensibilidade da substância viva. Não sei por que precisamos de outra sensibilidade além dessa, ou maior do que essa. Ninguém chega a esse limite de sensibilidade, inclusive porque não tem limite, como estou procurando mostrar.

Posso agora aterrissar, ligeiramente, no título meio infeliz que dei ao meu trabalho. Acho que vou falar de outra coisa bonita, e esse título não diz nenhuma das coisas bonitas que eu queria dizer.

Cálculo diferencial e cálculo integral. Se nosso aparelho de movimento não funcionasse integrando e diferenciando, jamais um matemático teria imaginado esse tipo de manipulação mental. Como disse, temos trezentas mil unidades. Em matéria de movimentos, somos um órgão com trezentos mil tubos, o que quer dizer que cada movimento nosso é feito de milhares de micromovimentos somados ou subtraídos, numa ordem extremamente precisa e rigorosa, como podemos ver nas artes marciais, nos circos, num pianista famoso, num bailarino famoso e até numa datilógrafa muito rápida. Fazemos movimentos de uma sensibilidade fantástica, segundo diferenciações e integrações contínuas de microesforços. O cerebelo tem números astronômicos de elementos nervosos para realizar essas coisas. A célula básica do cerebelo, a célula de Purkinge, está em comunicação com *duzentos mil neurônios*.

Queria mostrar, então, que a própria matemática, tida como a mais abstrata das ciências, como uma atividade "puramente mental" — sabe Deus o que quer dizer isso —, pode ter fundamentos anatômicos, no número de nossas fibras nervosas, e fundamentos no *biofeedback*, que nos mostra a mesma coisa. Podemos agir *voluntariamente* sobre *uma* célula nervosa da medula, e fazê-la mexer um quase nada do dedinho.

Temos, então, sensibilidade para intuir as integrais e as diferenciais, que são, na verdade, instrumentos matemáticos para analisar curvas e ondas, sendo que somos continuamente curvas e ondas e mais nada. Todos os nossos movimentos são pendulares. Em cada junta há um movimento de pêndulo, e os nossos movimentos, somados, são uma soma incrível de pêndulos e de curvas em movimento. Nosso corpo tem que saber fazer essas integrações. E isso serve de fundamento para a intuição e para a imaginação do matemático. Ontem ainda se disse, aqui, recordando Aristóteles, e, hoje, o presidente de mesa repetiu — desculpem — o mesmo erro. Disseram que temos cinco sentidos; temos seis. O sexto sentido, que não é metafísico, é o muscular. De olhos fechados sei que estou com o braço estendido, que agora eu o levantei, que abri a mão, que fechei o punho. Não preciso ficar me olhando para saber como estou. E, portanto, todo o nosso aparelho de movimento é também de *sensação*. Se não fossem essas sensações, jamais saberíamos o que quer dizer força, peso, aceleração, e talvez nem soubéssemos o que seria espaço ou tempo. Não nos movemos no espaço e no tempo. Aristóteles disse (e, creio, Einstein repetiu — de outro modo): "O tempo é o número do movimento". Logo, onde nada acontece não existe tempo — nem espaço.

Vamos falar dois tostões de mestre Newton e de todo o princípio filosófico subjacente: a dialética no Ocidente e a teoria dos contrários do Oriente, parte fundamentalíssima em todo o pensamento oriental.

O homem é uma unidade complexa, constituída de numerosos elementos estática e dinamicamente contrários — ou complementares.

É fácil provar a afirmação em base biomecânica. Nosso corpo se compõe de três pirâmides sobrepostas, as três com o vértice para baixo. A primeira é constituída pela cabeça mais o pescoço; seu vértice é a sétima vértebra cervical. A segunda é constituída pelo tronco inteiro mais os ombros e os braços; seu vértice é a quinta vértebra lombar. A terceira é constituída pela pelve, e seu vértice está nos calcanhares.

Depois, quanto mais subo, mais pesado sou. A cabeça é a parte mais pesada do corpo, por unidade de volume. Aqui em cima, nos braços e ombros, faço movimentos amplos, velozes e por vezes muito fortes — mais do que suficientes para me derrubar. Mas ninguém consegue se derrubar com os movimentos que faz. É essa soma de instabilidades que faz de nosso aparelho equilibrador a estrutura neuromotora mais complexa do universo conhecido. Por isso, tal aparelho usa — ou consome — cerca de dois terços do peso do cérebro (mais o cerebelo). E mais: *não temos sensação de equilíbrio; só temos sensações de desequilíbrio* — a surgir a todo instante, dadas as condições acima descritas.

Tanto nossas posições quanto nossos movimentos — quaisquer — se compõem de "vetores" opostos — de esforços opostos.

Toda vez que avanço a mão para cumprimentar um amigo, uma parte de meu corpo irá *necessariamente para trás* — senão eu me desequilibro.

Qualquer movimento que eu faça tem que ser carregado mais firmemente num ponto, ou contrapesado com um movimento oposto. Então, toda organização dos meus movimentos é organização de forças opostas, o tempo inteiro. "A cada ação corresponde uma reação igual e contrária", como dizia mestre Newton, o que nunca entendi, porque, para mim, se existe uma força igual e contrária, nada pode estar em movimento. Insisto, somos feitos de contradições: o orgulhoso é servil, o superior é assustado, o exibido é envergonhado, e tudo isso ao mesmo tempo. Porque, enquanto uma meia atitude mostra uma coisa, tenho de ter uma atitude mecanicamente oposta, para que eu continue de pé. Qualquer movimento que eu faça, vou fazer o contrário ao mesmo tempo, o que deu, para mim, toda a nossa capacidade de pensamento dialético e o que gerou, no Oriente, a famosa noção de *ying* e *yang*, forças opostas que esclarecem todas as coisas. Todas elas nascendo dessa máquina espantosa de movimentos e de sensação que somos nós.

Acho que o principal está aí. Só queria seguir minha missão e colocar um toque a mais contra a família. Está anunciada, aqui

— e estou curiosíssimo para ouvir —, uma reunião para discutir a família de amanhã. Acho que é a reunião mais importante deste Congresso, porque a primeira diferença, a mais funda e a que mais separa as pessoas é a da família: os meus e o resto. Enquanto não mudarmos nossa mentalidade sobre a família, será tolice falar em holismo, porque iremos fazer separações e divisões — fatalmente.

E como já se tornou moda aqui, simpática, deixar uma bonita mensagem, vou deixar uma que aprendi de dois antropólogos, num livro maravilhoso, que se chama *O animal imperial* — Fox e Tiger. Eles dão uma definição de democracia, hoje tão na moda e tão falada num Brasil que começa a querer se politizar. A definição ficou em mim. Espero que fique em vocês.

"Democracia é igualdade de oportunidades — sem dúvida. É também igualdade de direitos. Mas democracia é acima de tudo o direito de cada um ser diferente de todos os demais."

II A REDESCOBERTA DA SABEDORIA MÍSTICA

9

EXPERIÊNCIA DA NÃO-DUALIDADE NAS GRANDES TRADIÇÕES ESPIRITUAIS DA HUMANIDADE

Jean-Yves Leloup

Provavelmente vocês conhecem a tese de René Guenon e de Schuon sobre a unidade das religiões. Nesta abordagem do fenômeno religioso, a distinção entre as religiões históricas é inevitável. Cada uma está condicionada ao contexto climático, antropológico, cultural, mas existe um fundo ou um pico, uma unidade, um centro comum a todas elas, que só os sábios e os iniciados atingem. Para o crente comum, há oposição entre as religiões; para os iniciados só há uma religião, a do Ser único que se manifesta sob múltiplas formas.

Com isso poderíamos responder ao que dizia Kieerkegard sobre o sistema hegeliano: "Vocês esquecem o particular, o singular. Vocês esquecem o homem vivo".

Penso em meu amigo Houston Smith, professor na Universidade de Nova York, que tomava um exemplo para mostrar a unidade das religiões: "Todos os homens, exteriormente, são diferentes. Contudo, no seu interior, todos têm um esqueleto. Para todos há a mesma estrutura". A isso eu respondia: "Você tem razão, mas o que aprecio no ser humano é seu corpo, sua fisionomia, sua expressão, seu sorriso e seu olhar particulares, e não o seu esqueleto".

O essencial, numa religião, é o que ela tem de único, de insubstituível, o que a diferencia das outras. O essencial não é somente o que elas têm de comum. A redução tem uma estrutura comum a todas as religiões. Essa redução não tem nada de transcendente; é uma redução. A abordagem holística dos fenômenos religiosos gostaria de escapar a esse reducionismo. Qual será, então, o seu método próprio?

Primeiro, não opor, não separar, nem confundir ou misturar. Opor uma tradição a outra pode conduzir ao sectarismo e a guerras de religiões, vocês o sabem. Mas se não se deve opor, tampouco se deve misturar. O impasse do sincretismo é tão fatal quanto o do sectarismo. O sincretismo consiste em querer construir um veículo tomando emprestados o volante de uma bicicleta, as rodas de um caminhão e a carcaça de uma locomotiva. Não estou certo de que tal veículo poderá ir muito longe.

Se a visão holística fosse isso, não teria nada de esclarecedora para o futuro. Só iria entreter a confusão, sem permitir a união dos homens, que supõe o respeito às suas diferenças. A confusão é tão grave quanto a fragmentação, atomização do saber humano, da qual já falamos muito hoje.

Considerar as tradições sem misturá-las e sem opô-las nos conduz a uma atitude que os hindus chamam de *advaita*, que se traduz, geralmente, pela palavra "não-dualidade". Deveria também ser traduzida por não-unidade. Nem um nem dois. Nem a unidade totalizadora nem a dualidade separadora. Nem isto nem aquilo.

Esta linguagem da não-dualidade, já a ouvimos esta manhã com relação aos físicos, que dizem que a realidade não é nem onda nem partícula somente, mas onda e partícula ao mesmo tempo.

Assim, a atitude holística reconhece o fundo comum, respeitando as formas particulares, sem se fechar dentro delas, sem as idolatrar. É uma atitude de enraizamento e de abertura ao mesmo tempo. Não opor as margens do Gange às do Jordão, mas mergulhar, pelo menos uma vez, num rio, quando se sentir calor ou sede. Há água viva em todos os rios da Terra, mas ainda teremos que prová-la. A não-dualidade nos envia, antes de tudo, a uma experiência ou ao que os mestres sufis chamam de sabor.

Vocês sabem que a palavra "sabedoria" — "sapiência" — vem do verbo *sapere*, que quer dizer provar, saborear. O sábio é o que sabe saborear o frescor do ser em todas as coisas.

Essa experiência, esse sabor, não é algo que esteja reservado apenas para alguns iniciados. Todos nós temos acesso a ele pelo menos uma vez em nossa existência, quer ocorra na natureza, diante de uma obra de arte, num encontro humano, na meditação ou na prece. Na natureza, às vezes provamos esse chamamento múltiplo de todos os seres. Às vezes, não somos nós que olhamos para a árvore, mas é ela que nos olha. Nesses momentos, podemos cantar como Francisco de Assis: "a nossa irmã, a noite; o nosso irmão, o vento". E podemos também falar como Hubert, que nos lembra que somos irmãos das estrelas: "Não somos dois com o universo".

Às vezes, na arte, a inspiração mora em nós. Não sou mais eu que dança, mas é a dança que brinca em mim. Não sou mais eu que toco flauta, mas é o sopro do vivente que me atravessa.

Essa não-dualidade pode também ser conhecida numa relação humana profunda, em que não somos mais nem um nem dois, mas muito mais que um, na fusão regressiva. E, ao mesmo tempo, maior é o nosso respeito pela alteridade, pela diferença. Totalmente um e totalmente dois, nem confundido nem separado.

Essa não-dualidade também pode ser conhecida numa experiência de meditação, onde nos descobrimos não dois com a sua fonte, com esse espaço, com essa clareza que alguns chamam de Deus. A palavra Deus vem, aliás, da palavra *dies*, que quer dizer o dia luminoso. Alguns se recusam a nomeá-lo. E é verdade, como dizia Gregório de Nasance: "Ele tem todos os nomes e, no entanto, nenhum nome pode nomeá-lo".

A pergunta que podemos fazer é: qual foi a experiência de não-dualidade dos que chamamos de fundadores das grandes tradições? Cada uma dessas experiências fundadoras pediria um longo estudo. Nós nos limitaremos, nesta noite, a uma só experiência, que encontramos nas diversas tradições: a experiência de uma não-dualidade como a fonte mesma do nosso ser, que nos faz dizer: "eu sou o que sou"; não-dualidade entre o ser e o parecer, mas, muito mais profundamente ainda, não-dualidade entre o ser criado e o ser não-criado, não-dualidade entre o que é composto e o que é não-composto.

O exemplo quase arquetípico é o de Ramana Maharashi, nosso contemporâneo, que conheceu o despertar desse "eu sou" essencial aos dezoito anos, quando passou por uma experiência próxima do que chamamos, hoje, de morte clínica. Vejam o que ele descreve, depois de ter vivido essa experiência; experiência no coração do espaço-tempo de alguma coisa que não é uma coisa, que transcende e compreende esse espaço-tempo. Ele chama a isso o *self*.

"O temor da morte desapareceu para sempre. A absorção no *self* continuou sem parar. Outros pensamentos passavam e desapareciam, como diversas notas de música, mas o *self* permanecia subjacente a todas as outras notas e se confundindo com ela, que o meu corpo foi ocupado em falar, em ouvir ou em qualquer outra coisa diferente. Todo o meu ser estava, no entanto, centrado no *self*. Antes dessa experiência, eu não tinha atração consciente por ele. Agora, permaneço nele e ele permanece em mim. Eu sou".

Essas palavras contemporâneas são um eco do grande sábio Shankara, o mestre da não-dualidade. Ele também afirmará a presença desse "eu sou" no coração do seu ser, no coração de todas as suas ações.

Cito ainda algumas das instâncias de Shankara: "Não possuo mais nenhuma aversão, nenhuma atração, nem avidez, nem desvio. Não sinto mais nenhum orgulho, nenhuma inveja. Não tenho nenhuma obrigação, nenhum interesse, nenhuma libertação a desejar. Sou inteligência e felicidade puras. Eu sou, eu sou. Para mim, não existem nem boas ações nem sujeiras, nem prazer nem sofrimento. Também não existem mais encantações rituais, lugares santos, escrituras sagradas. Sou inteligência e felicidade puras. Eu sou, eu sou''.

Quando li esse texto a amigos psiquiatras, eles me disseram: ''Shankara, teu amigo, é um megalômano, um paranóico''. E é verdade, se me escutam a partir do ego. Seria, realmente, inflação do ego. Mas aqui se trata da afirmação do espaço-tempo do *self*, com o qual podemos nos tornar não-dois.

O método que propunha R. Maharashi para chegar a esse puro ''eu sou'' é colocar-se realmente a pergunta: ''Quem sou eu?'', e descobrir, através de todas as máscaras, de todas as identificações, a identidade mesma do ser em cada um de nós.

Podemos colocar a experiência de Maharashi e de Shankara em ressonância com a experiência de Moisés, quando do episódio bem conhecido da sarça ardente. Nessa sarça que queima sem se consumir Deus revela seu nome, sua presença, com um simples e puro ''eu sou''. Moisés não era ele mesmo essa árvore pequena, inflamado pelo amor e pelo conhecimento? Ele descobre, então, nele mesmo, o mistério do nome: a *presença*.

Muitos séculos depois, Jesus de Nazaré — Ieshua Ben Joseph, para traduzir como o sr. Chouraki — não afirmou: ''Antes que Abraão seja eu sou''? Ele não dizia também: ''Lá onde sou, quero que vocês sejam também'', convidando seus discípulos a se tornarem o que ele era tanto quanto a crerem nele?

Há também a experiência de Hallaj, esse grande místico muçulmano que também foi crucificado porque, passeando pelas ruas de Damasco, dizia: ''Eu sou a verdade. Eu sou, eu sou''.

Roumi respondeu a seus detratores que era por humildade que Hallaj dizia isso. Ele não opunha a presença do seu eu a um único ''eu sou''. Não havia mais outra realidade além da única realidade. O relativo e o absoluto eram não-dois.

O último testemunho que gostaria de citar é o do atual Dalai Lama. Quando eu lhe perguntei o que era o nirvana, o que é um homem em nirvana, o que é um homem liberto, ele me respondeu que nirvana é ver as coisas tais como elas são, que o homem em nirvana é aquele que é o que é. A resposta parece simples: ver o que vemos e ser o que somos, mas ela supõe que estejamos livres das nossas projeções para que realmente possamos ver. Isso supõe que estejamos livres de toda e qualquer identificação, supõe que deixemos todas as nossas máscaras para que se revele a verdade da nossa fisionomia. E isso é um longo caminho.

O homem tradicional, o homem à procura de sabedoria, encontra, assim, o homem de ciência contemporânea, cujo desejo é também ver as coisas como elas são, tais como elas são, e não somente como nós as vemos ou como as percebemos através dos nossos instrumentos mais sofisticados. O sábio se encontra, também, com o psicólogo contemporâneo, cujo objetivo é permitir ao homem ser o que é, no é que de essencial. Eu diria, mesmo, de não-criado.

A realidade é holística, e isso podemos saber teoricamente, podemos aprender. Resta-nos realizá-la existencialmente. Essa é a mensagem das experiências não-duais dos grandes sábios da humanidade, que podemos acolher sem opô-las, sem misturá-las, com tantos convites para que nos façamos um com a realidade, com a realidade única em todas as suas manifestações diversas.

A prece de Maomé: "Oh Deus, mostre-me as coisas tais como são", a prece de Teresa de Lisieux: "Senhor Jesus, faça com que eu veja as coisas como elas são, que nada me atire pó nos olhos", ou ainda : "Do irreal conduza-me ao real", não estão além das nossas teorias e das nossas ideologias? Não será a nossa prece esta noite?

O grande mestre, o único mestre, é a vida. Esse grande mestre, por misericórdia por nós, pode colocar no nosso caminho um mestre encarnado. Se esse mestre encarnado for um verdadeiro mestre, vai fazer de nós não um outro discípulo, mas fazer-nos descobrir o nosso próprio mestre interior.

De um ponto de vista mais psicológico, já se sabe que Jung nos diz que o fenômeno de transferência é o *self* que transferimos sem cessar. Nosso primeiro lugar de transferência é o nosso pai ou a nossa mãe. Depois, pode ser um personagem pelo qual temos muita admiração, um guru, às vezes um bom terapeuta. Creio que um bom guru, um verdadeiro terapeuta, nos conduzirá a esse mestre interior. E essa escuta do mestre interior nos colocará cada vez mais em união com o mestre único, o vivente de toda a vida.

Minha primeira experiência de transcendência ocorreu com uma cabra que se chamava Filomena. Ela era muito malcriada e, às vezes, pulava na minha mesa de almoço. Um dia, ela rezou o terço das suas fezes impecáveis no meu prato. Fezes de cabra são quase perfeitas. A essa época, eu não acreditava em Deus, mas a apreensão da perfeição, justamente através das fezes de uma cabra, me fez aportar muito tempo para reencontrar o ensinamento de Filomena nos grandes textos do Mahayana e em Mestre Eckart, que falam da união do finito e do infinito, de *samsara* e de nirvana. Fezes de cabra foram a minha primeira experiência, acredito, de uma abertura a alguma coisa maior.

A segunda experiência foi a de uma morte clínica. Escreveu-se muito sobre isso. O que posso dizer é que depois dessa experiência interessei-me mais sobre a experiência espiritual das grandes tradições da humanidade.

Queriam me enterrar; o eletroencefalograma estava reto. A experiência que vivi naquele momento foi o despertar de um ser que iria ser o fundo musical de toda a minha vida.

Agora a música está entre nós; é preciso deixá-la cantar.

10

HINDUÍSMO, BUDISMO E SUFISMO: UMA CONVERGÊNCIA

Murillo Nunes de Azevedo

O hinduísmo

O hinduísmo baseado nos Vedas é a mais antiga religião do mundo que ainda se mantém viva. É como um vasto oceano que contém profundidades tão insondáveis que nem um gigante pode alcançar e poças onde crianças podem brincar. Quanto mais a estudamos, mais nos sentimos iluminados pela beleza dos seus conceitos. Sua idéia básica é da Lei. Essa Lei, que nos Vedas é apresentada como Rta, viria adquirir, posteriormente, a característica de Dharma. Como afirma um texto védico: "O Dharma é aquilo que mantém unidos as pessoas e o universo". Aplica-se desde o cosmo até nossa vida diária — uma vida que poderá tornar-se tranqüila e benéfica para todas as criaturas. As relações humanas, hoje tão estudadas, podem ser perfeitas quando baseadas na Lei Suprema do Dharma. O verdadeiro ariano é aquele que vive a vida de acordo com a Lei.

O Sanatana-Dharma baseia-se, pois, na autoridade dos Vedas. Segundo o dr. Bhagavan Das:

"Não se deve concluir apressadamente que os ensinamentos dos Vedas têm tão pouco valor quanto o balbuciar de uma humanidade criança, pelo fato de não serem compreendidos pelo moderno estudante que não domina a ioga e não tem conhecimento interior. Assim, o estudante deve suspender seu julgamento quando se sentir inclinado a encará-lo como um absurdo, lembrando que alguns dos mais altos intelectos produzidos pela humanidade viram a Sabedoria onde ninguém a vê. Deve, portanto, esperar até que o amadurecimento dos anos, aliado a uma crescente pureza de vida, acabem por abrir-lhe os olhos".

Vejamos agora alguns dos princípios fundamentais do Sanatana-Dharma.

A existência una

"Somente um, sem segundo." Esta é a forma autêntica, sintética, com que os Vedas apresentam a Unidade Suprema.

O infinito, supremo, moral, o Aquilo onde todas as coisas estão mergulhadas, o Pai-Mãe, o Andrógino, a Noite-Dia, sem atributos e sem qualidades, é Nirguna Brahman. Segundo um velho poema sobre a criação:

"Pela sua força intrínseca, o Uno respirava sem qualquer sopro: Nada existia, nenhuma coisa, a não ser esse Além".

Esse "Além", esse Aquilo, que corresponde à partícula inglesa *it*, contém em seu seio todas as coisas. Um dos *Upanishads*, Svestavataro, declara:

"Quando não havia trevas, nem dia ou noite, nem ser ou não-ser, só existia o Bem-Aventurado".

Mais adiante, o mesmo texto afirma:

"Neste imperecível, infinito e supremo Brahman, estão ocultos o conhecimento e a sabedoria."

A única coisa que se pode dizer é: "Ele é!". O som uno e misterioso é a única presença do Aquilo que está além do nome e da forma. Note-se que, milhares de anos após, a mesma idéia está expressa no Evangelho de São João com relação ao Verbo.

O múltiplo

No poema Bhagavad Gita está escrito:

"Do Imanifestado, assim que se aproxima o dia, todo Manifestado jorra. Ao chegar a Noite, tudo se dissolve, mesmo Aquilo a que chamam Imanifestado. Uma multidão de seres vai e vem, é dissolvida ao chegar a noite e, pela força da Lei, surge novamente ao chegar o dia".

Na verdade, mais alto do que Aquele Imanifestado, existe outro Imanifestado, que, quando todos os seres são destruídos, jamais é destruído.

O Imanifestado, o Indestrutível, assim Aquilo é chamado. É a meta suprema!

Esta extraordinária visão holística permeia todo o pensamento da Índia. É a base de onde iria surgir, no século VI a.C., entre outros, o budismo.

Como diz Annie Besant em um ensaio:

"O budismo é, sem dúvida, filho do hinduísmo, e dele nasceu em tempos relativamente recentes. Se lermos atentamente suas escrituras, veremos que são ecos das escrituras hindus, já que estão impregnadas do mesmo espírito, como aliás seria de esperar, levando em conta quem as inspirou".

Tudo, portanto, está inter-relacionado e interdependente. Faz parte de um grande Todo — a causa sem causa de todas as causas — que abrange em seu seio uno homens, animais, coisas, sistemas filosóficos, ciências, artes, religiões e tudo que existe no universo.

A cronologia hindu afirma que o nascimento de Sidarta Gautama, o futuro Buda, ocorreu no mês de maio do ano 2478 da Kali Yuga — que corresponde ao ano 623 a.C. Nasceu ele no pequeno reino dos sakyas, situado na atual fronteira da Índia com o Nepal. Sua vida como um virtual prisioneiro de seu pai, que temia que a predição de um astrólogo se tornasse real, de que o jovem abandonaria o reino e se dedicaria à busca de realização espiritual, é muito conhecida. A profecia foi cumprida, e, depois de todas as asceses e da busca com diversos instrutores espirituais, Sidarta abandona tudo e encontra por fim a iluminação, depois de seis anos de esforços extremos. Um poema nos fala a esse respeito:

"A verdade está dentro de nós. Não surge das coisas externas, mesmo que assim o acredites.

Há um centro interno onde a verdade habita em sua plenitude. Mas as espessas camadas da carne grosseira impedem o seu esplendor. A pervertida rede carnal frustra, emaranha e faz tudo parecer errôneo. Para alcançar a sabedoria, o indivíduo tem de abrir, de dentro para fora, um caminho por onde o aprisionado esplendor possa escapar, em vez de tentar absorver a luz, supondo que ela se encontre além de si mesmo."

Após ter se tornado um Buda (Iluminado), começa a sua pregação, com a enunciação das quatro nobres verdades: 1. Duka (dor, insatisfação, tensões, medo da doença, de tudo que pode ser considerado um "problema"); 2. Samudaya (a origem do problema); 3. Nirodha (a cessação do problema) e 4. Marga (o caminho ou método). Esse caminho constitui a chamada senda óctupla que pode ser adotada na resolução de qualquer problema. A lucidez de Sidarta Gautama é extraordinária, justificando o interesse de muitos por suas palavras. Ele recomenda que não devemos aceitar nada que nos foi dito somente porque procede de alguma autoridade. Só devemos aceitar o que passou pelo crivo do nosso próprio discernimento.

O objetivo supremo do budismo é a libertação da ignorância que nos faz sofrer. Um antigo sutra em língua pali afirma:

"Irei entre as nações
e abrirei a porta que conduz à imortalidade.
Deixai que ouça todo aquele que tem ouvidos,
para que conquiste a nobre senda da salvação."

A chamada parábola do tronco do Samyuta-Nikaya, 179-81, é extraordinariamente esclarecedora. Diz ela:

"Certa vez, quando o Grande Ser se encontrava em Kosambi, às margens do rio Ganges, avistou um grande tronco que era arrastado ao sabor da correnteza. Reuniu os monges e dirigiu-se a eles com as seguintes palavras: Irmãos, vedes acolá aquele grande tronco que vai sendo arrastado rio abaixo? Se aquele tronco não parar nesta ou na outra margem, se não afundar no meio do rio, se não cair em mãos humanas ou em poder de seres não-humanos, se não for arrebatado por um redemoinho, se não apodrecer internamente, aquele tronco deslizará em direção ao oceano, rumará sempre para o oceano. Isso também ocorrerá com os irmãos que persistirem no seu propósito de alcançar o Nirvana". Esse Nirvana é o ponto de convergência com o hinduísmo, pois é idêntico ao Imanifestado, Àquilo que não tem nome.

O sufismo

N. Fatemi, em seu livro *Sufism*, define o sufismo como "a apreensão das realidades divinas, ou como uma mensagem universal de amor, fraternidade e unidade do homem". O sufismo brotou do islamismo, podendo ser considerado uma escola mística. Não é uma religião, pois não criou uma nova seita ou igreja, mas tenta, segundo Rumi: "eliminar conflitos, feudos, lutar e unir em harmonia as pessoas". Os sufis vêem o seu Deus diretamente. Ele é a verdade absoluta, bem absoluto e beleza absoluta. Sua natureza divina pode ser descoberta através da meditação transcendental, da autonegação, do amor à humanidade, da gnose, do serviço. A finalidade do sufi é introduzir um espírito ecumênico, espiritualizador, a fim de purificar o Islã a partir de dentro, através de uma profunda interpretação mística, e infundir em toda religião um espírito de liberdade e amor. A poesia persa e árabe difundiu amplamente essas elevadas idéias.

Os princípios básicos do sufismo são:

1. Não há senão um Deus, todo misericordioso e compassivo.

2. Os caminhos para atingir a Verdade são tão numerosos quanto as pessoas que existem na terra. Há um modo de atingir a verdade através da aniquilação do falso orgulho e do ego, seguindo a senda do desprendimento e do serviço a nossos irmãos.

3. Há uma lei: a da reciprocidade. Só poderemos levar uma vida pacífica e harmoniosa com nossos irmãos quando o senso da justiça for despertado por uma consciência sem egoísmo.

4. Há uma fraternidade, a fraternidade humana, que une todos os povos indiscriminadamente na paternidade de Deus.

5. Há uma moralidade, a do amor que brota da auto-renúncia e floresce nas ações para a humanidade. O amor é um médico que cura todas as feridas e reconcilia todos os inimigos. A compaixão torna inimigos amigos e faz de pecadores santos.

6. Há uma Verdade, o verdadeiro conhecimento de nosso ser interno externo. Conhece-te a ti mesmo e conhecerá Deus.

Um pouco de história. Após a morte do profeta Maomé, no ano 632 d.C., começa a grande expansão do Islã. Península Ibérica, norte da África, Síria, Iraque, Pérsia e Ásia Central são anexadas, constituindo um grande campo para o florescimento do islamismo. Em 762 d.C., Bagdá é escolhida como a nova capital. É o zênite do império. O luxo e a dissipação acompanham a decadência moral. É nesse clima de "mil e uma noites" que nasce o sufismo. A palavra "sufi" procede, segundo alguns, da palavra árabe *safa* (pureza). Para outros, advém de *sufa* (algodão), as roupas rústicas que eram usadas pelos eremitas.

Para Rabia, um dos fundadores do sufismo, morto em Jerusalém no ano 757 d.C., o amor e suas chamas imortais são o fogo que aquece o mundo do sufismo. Ele foi sucedido por Abu Hasham, que estabeleceu o primeiro convento sufi em Ramaleh, na Palestina. Logo o movimento se difundiu para a Arábia.

Há no sufismo um admirável panteísmo transcendente, uma visão holística do universo. Um bom exemplo é uma poesia de Baba Kuhi de Shiraz (1050), que explica a unidade do homem com Deus desta forma:

"No mercado ou no mosteiro somente vejo a Deus!/ No Vale e na montanha somente vejo a Deus!/ Já o vi caminhando ao meu lado nas minhas atribulações,/ Na graça ou na desgraça somente vejo a Deus!/ Na prece ou no jejum, na exaltação e na contemplação, somente vejo a Deus!/ Passei para o além, no nada mergulhei e nele desapareci, e lá, no todo vivente, somente a Deus encontrei!"

Temos assim nestes exemplos recolhidos no hinduísmo, no budismo e no sufismo, um ponto de convergência. No hinduísmo, a presença do Dharma, da Lei, da existência una. No budismo, a bem-aventurança do Nirvana que está além das palavras. No sufismo está Deus vivo, palpitante presença em todas as coisas. São caminhos aparentemente distintos, mas na realidade são a mesma coisa, que nos levam ao *holos* onde nos movemos e temos o ser. A gota funde-se no oceano.

Referências Bibliográficas

(1) BHAGAVAN DAS. *Essential unity of all religions.* T. P. House.
(2) DAS GUPTA. *A history of Indian philosophy.* 5 vol. Cambridge.
(3) RADHAKRISHNAN. *Hindu view of life.* G. Allen and Unwin.
(4) HERBERT, J. *Spiritualité hindoue.* Payot.
(5) DAVIS, R. *Dialogues of the Buddha.* Oxford.
(6) AZEVEDO, Murillo Nunes de. *O Pensamento do Extremo Oriente.* Pensamento.
(7) HAZRAT INAYAT KHAN. *The sufi message.* 12 vol. Servire.

11

UMA LEITURA HOLÍSTICA DA BÍBLIA E DO ALCORÃO

André Chouraqui

A tradução, no universo em que vivemos, é um problema que temos que resolver a cada instante.

Em todos os domínios, o fato de o universo ter se tornado uma pequena aldeia em que as culturas se encontram faz com que não possamos escapar à realidade desse problema, no coração da relação do homem com ele mesmo e do homem com seu semelhante. De fato, o homem é uma máquina de traduzir. É só o que fazemos, com todos os nossos sentidos, com todo o nosso espírito e com toda a nossa criação.

Como traduzir? Como traduzir, para expressar o que sentimos e o que queremos? Quando se passa de um contexto cultural a outro, as palavras, as mais simples, têm um significado diferente. Por exemplo: a palavra "cachorro". Em francês, dizemos "um cão fiel". Transpor a palavra "cachorro" para o árabe faz com que ela seja completamente diferente. Não se pode dizer "um cachorro fiel", porque, no Oriente, esta palavra tem um significado muito mais pejorativo do que no Ocidente. O burro, pelo contrário, tem uma boa reputação no Oriente, mas muito ruim no Ocidente.

Para dizer a verdade, a tradução talvez seja uma arte impossível, e o tradutor, é uma vítima antecipadamente vencida. Não se pode escapar, contudo, à necessidade de traduzir.

Quando se trata de uma obra de arte, como é o caso da Bíblia e do Alcorão, que fundaram três religiões, o judaísmo, o cristianismo e o islamismo, nos defrontamos com problemas imensos, dos quais temos muito pouca consciência.

Quando tentamos a tradução da Bíblia, tivemos a intenção de tirar parênteses da sua leitura. Liberar o verbo parece-me essencial para a liberação do homem, pois o Verbo da Bíblia foi literalmente prisioneiro das tradições que daí nasceram. E o Ocidente só conhece a Bíblia nas suas traduções, com exceção de alguns hebraizantes de Jerusalém ou de outros lugares. Ben Gurion, um grande conhecedor da Bíblia, de quem tive a honra de ter sido conselheiro até o fim de sua vida, dizia que ler a Bíblia numa tradução era como beijar uma mulher através de um véu. O véu que separou o Ocidente da Bíblia foi, realmente, muito espesso, e pelas seguintes razões...

A Bíblia se tornou conhecida no Ocidente através do canal da sua tradução em grego. E essa tradução dos 70, feita em Alexandria, do III ao I século da era cristã, por rabinos, não somente era a primeira tradução da Bíblia, mas a primeira tradução da história. Era a primeira vez que homens imaginaram passar um texto de um contexto cultural determinado — no caso, o hebreu — a um outro contexto cultural, ou seja, o grego. Por séculos, ninguém pensou nisso e, de repente, o acontecimento se deu. Deu-se entre os judeus, em Alexandria, em relação à Bíblia. Isto porque os judeus de Alexandria eram confrontados com a cultura grega e, em seu exílio, não compreendendo o significado desses textos aos quais estavam apegados religiosamente, queriam se justificar aos olhos dos gregos, queriam mostrar que Israel, apesar de tudo, ainda tinha uma grande cultura. Decidiram, com o apoio de Ptolomeu, fazer esse malabarismo pela primeira vez na história, ou seja, editar a palavra dos hebreus em grego.

Nessa época, contudo, o hebreu era mal conhecido, especialmente no exílio. Os primeiros tradutores da Bíblia chamaram homens de Jerusalém para ajudá-los. Mas a cultura hebraica, em Jerusalém, ainda não estava no seu apogeu. Os tradutores da Bíblia em grego, então, fazem uma obra de gênio, mas uma obra marcada por uma preocupação de apologia e uma abertura sobre a filosofia grega, com a tendência de integrá-la no contexto hebraico.

Entretanto, nessa Bíblia dos 70, que vai viver no Ocidente, para lhes dar um só exemplo dessas lacunas, o verbo que significa *fazer* traduz cento e dezoito verbos diferentes em hebraico. E esses cento e dezoito verbos hebraicos diferentes se repetem, nesta Bíblia, milhares de vezes, substituídos pela uniformidade de um só verbo grego. A tradução grega dos 70 continua sendo a inspiração das mil e oitocentas traduções da Bíblia hoje existentes.

Uma outra tradução da Bíblia, igualmente genial, é a de São Jerônimo, que, traduzindo a Vulgata, quer se aproximar da verdade hebraica. Para ele, o grego dos 70 estava muito longe do texto original. Seu esforço de não repetir foi genial, mas, filho de seu século, Jerônimo, que também não conhecia bem o hebraico, que contou com a ajuda de um rabino — que não conhecia mais do que ele —, criou uma obra tanto mais digna de admiração dada a falta de instrumentos para construí-la.

Além disso, se traduzir é abraçar um texto — para não dizer uma mulher — através de um véu, é também ver através de lunetas deformantes. Para lhes dar um só exemplo, nos primeiros capítulos da Gênese, há uma expressão que se repete nove vezes nos mesmos termos. Mas São Jerônimo vivia no mundo latino, onde era evidente que não se deveria fazer repetições no estilo acadêmico, ou seja, não repetir as mesmas palavras em frases vizinhas. Então, ele procura construir nove perífrases diferentes para traduzir a mesma frase hebraica.

Em todas as traduções, sentimos, assim, que há um lado determinado pelos conhecimentos do tempo e pelos hábitos mentais da cultura na qual estamos fazendo a tradução. Por exemplo: no século XIX, a tradução francesa da Bíblia via-a através de lunetas românticas. Quanto mais a tradução se parecia com Victor Hugo, com o estilo acadêmico dos escritores da época, mais parecia bonita.

Além disso, há um outro fator, que é exatamente o instrumento para traduzir. Eu mesmo fui tradutor da Bíblia quando era muito jovem, nos anos 40. Acreditava que conhecia bem o hebraico, porque o tinha aprendido na escola.

Assim, o que faz o tradutor normal da Bíblia? Vai no seu sentido hebraico, vai traduzir em hebraico, mas não fala hebraico, e ninguém em torno dele fala. Abre, então, o dicionário e acha que está traduzindo do hebraico. O dicionário, por sua vez, como foi feito? Foi feito através de traduções. O autor do dicionário vê como a sentença foi traduzida, como a Vulgata foi traduzida. E ocorre um círculo vicioso. Nas minhas primeiras traduções da Bíblia, feitas em 1940, eu estava convencido de partir do texto hebraico, mas estava trazendo, nessas traduções, tradições muitas vezes injustificadas.

Como sair, então, desse círculo vicioso? Alguns acontecimentos determinaram essa revolução. O primeiro foi a introdução do espírito histórico. Durante séculos judeus e cristãos leram a Bíblia sem se perguntar o que havia atrás dela. Nas últimas décadas, há um século e meio, mais ou menos, procuramos ler a Bíblia em função do contexto histórico, que estamos conhecendo cada vez melhor.

Em acréscimo, houve algo de muito novo: as descobertas arqueológicas. De repente, encontraram-se os objetos, os lugares, as relíquias da época em que os inspiradores da Bíblia faziam suas notas. E, assim, civilizações desaparecidas foram ressuscitadas. Lê-se a Bíblia com muito mais segurança desde que se conhece o que era o Egito, do qual Champolion ressuscitou a língua; desde que se conhece a Suméria; desde que se conhecem línguas assassinadas que nos ajudam a melhor conhecer, ler a Bíblia.

Para mim, o acontecimento central que determinou a minha tradução da Bíblia foi que eu, sendo um judeu do exílio,nascido na Nigéria, educado na França, tornei-me um filho de Israel, um habitante de Jerusalém, no meio de um povo que fala, de novo, a língua dos profetas. De repente, eu lia a Bíblia como se um véu tivesse sido arrancado da frente de meus olhos. Repentinamente, as lunetas deformantes tornaram-se lunetas esclarecedoras. A obra era limpar o texto, tirar as camadas ideológicas e, sobretudo, a ignorância que impediam que o texto fosse visto em toda a sua beleza.

O caso do Alcorão é ainda mais grave que o caso da Bíblia, porque os tradutores da Bíblia — a dos 70, a de São Jerônimo e todas as que se seguiram — tinham uma preocupação apologética: tratava de se mostrar ao mundo como a Bíblia era bonita. Traduziam acreditando que elogiavam o texto. Colocavam-se, sobre a sua nudez, véus, lençóis, mas dava-se um jeitinho para que essa decoração parecesse bonita.

Quanto ao Alcorão, o assunto é completamente diferente. Como vocês sabem, no essencial, o Alcorão é proclamado por Maomé em Meca e em Medina, entre os anos 610 e 632, dando nascimento à terceira religião monoteísta. De 632 ao século XII, isto é, durante quinhentos anos, o Ocidente nada conhece sobre essa evolução espiritual que se apodera do Oriente, do Extremo Oriente, que vai nos ameaçar até na França.

No século XII, Pedro, o Venerável, estando perto de Cluny, faz uma viagem a Andaluzia, onde descobre, ao mesmo tempo terrificado e maravilhado, a civilização árabe. Coloca uma pequena equipe para saber do que se trata. Essa equipe fabrica a primeira tradução latina do Alcorão, que está nos arquivos da Abadia de Cluny. Somente nos séculos XV, XVI e XVII, sob a ameaça que jaz sobre as fronteiras do Ocidente e do mundo islâmico, os intelectuais se preocupam em estabelecer o encontro entre o Islã e a cristandade. Então, já não é o caso de fazer algo mais bonito, mas de provar, no essencial, que Maomé é um impostor e que o Alcorão não tem nada de bom.

Certas traduções e glosas são uma ridicularização do Alcorão sem nenhuma justificativa, deturpações de um texto que, a meu ver, é um dos mais bonitos que a língua humana jamais inspirou. Foi preciso esperar o século XIX para se ter traduções menos caricaturais. Mas todas — digo exatamente todas, sem exceção — colonializam o texto, projetam sobre seu ritmo o espírito ocidental, e quase todos fazem uma traição ao sopro poético que o anima.

A aventura que me levou a traduzir o texto da Bíblia, o texto hebraico, era normal, porque sou hebreu, filho de hebreu, e porque conhecia a Bíblia mesmo antes de compreendê-la. Essa aventura me levou a traduzir o Novo Testamento, que também é um texto hebraico, mesmo sendo expresso em grego. Eles pensavam em hebraico, como hebreus. O único não-hebreu nessa equipe do Novo Testamento foi Lucas, que era um semita e conhecia a Bíblia hebraica provavelmente muito melhor que todos os judeus que o cercavam.

Quanto ao Alcorão, outros problemas se apresentaram. O que mais me surpreendeu foi ver como o texto, mesmo recoberto por todos os gessos que o encobriam, ainda assim estava muito próximo da revelação bíblica. A língua do Alcorão era, sem dúvida, o árabe mais próximo do hebraico bíblico do que é do árabe moderno.

Eis o que eu tenho a dizer com relação a esta nova leitura. Essa nova leitura precisa libertar-se da compartimentalização, das placas de ideologias, dos confessionalismos. Trata-se de ler esses textos admiráveis fora das gaiolas em que a história os colocou, e de lê-los como se apresentam realmente, com seu potencial liberador do homem e criador de unidade e de paz.

12

SINERGÉTICA E IOGA

Harbans Lal Arora e Ved Kumari Arora

Introdução

A ioga é uma ciência e uma arte: a ciência da vida e a arte de viver. A própria palavra "ioga" significa: união, cooperação, integração e holística. A ciência da ioga estuda como buscar a harmonia entre os aspectos complementares da natureza e da natureza humana, quais sejam: consciente e inconsciente, mente e corpo, matéria e espírito, ecologia interna e externa, pensamento e emoção, consciência individual e cósmica. As diversas técnicas da ioga para investigação e expressão também são complementares — experimentação e experiência, objetividade e subjetividade, ciência e arte, prosa e poesia. De fato, a ioga é uma síntese entre funções, expressões e aspectos complementares da natureza. Sua abordagem é transdisciplinar e sua visão é sistêmica e holística.

Nas últimas décadas, a ioga tem se expandido muito no mundo inteiro. Entretanto, o significado real da ioga ainda não foi bem compreendido por muita gente. Para as pessoas mal ou pouco informadas, a ioga é vista como politeísmo, satanismo, misticismo, magia, superstição, acrobacia, faquirismo etc. Por outro lado, para os entusiastas, a ioga é uma panacéia e uma solução para problemas de toda e qualquer natureza. Essas duas interpretações estão muito distantes do verdadeiro significado da ioga.

Na realidade, a ioga tem uma sólida base científica e uma ampla faixa de aplicações práticas. Seus princípios e conceitos são estruturados dentro da mais perfeita lógica, e seus métodos e técnicas, tanto experimentais como vivenciais, estão abertos para testes e verificações.

A ciência da ioga vem sendo desenvolvida há séculos, aliás milênios, por cientistas holísticos, que vivenciaram e experimentaram suas diversas técnicas.

O objetivo desses estudiosos era a compreensão dos comportamentos e relacionamentos humanos, dos ecossistemas, dos fenômenos naturais etc., visando a harmonia dentre e entre a ecologia interna e externa. A ioga é o objetivo e o caminho.

Os principais objetivos da ciência da ioga podem ser resumidos nos seguintes pontos:

1. Obtenção de alto grau de coordenação psicofisiológica, que conduza o indivíduo à harmonia, à tranqüilidade e ao equilíbrio dinâmico.

2. Crescimento psico-espiritual para auto-realização e consciência cósmica.

3. Identificação com os outros através de integração psicossocial e harmonia com a natureza, que resulta em crescimento coletivo e compreensão mútua.

Relacionamento entre sinergética e ioga

Nos últimos anos, sob liderança do físico prof. Haken da Alemanha e do químico prof. Prigogine da Escola Belga, teorias de sistemas que se auto-organizam têm sido desenvolvidas detalhadamente. Essa ciência, conhecida como sinergética (ou ciência de cooperação), estuda como as partes constituintes de um sistema, através de inter-relacionamento e interdependência dentre os componentes — enfoque sistêmico —, cooperam e auto-organizam seu comportamento de tal modo que o sistema como um todo apresenta um estado, uma estrutura ou uma configuração específicos.

Os componentes do sistema podem ser átomos, moléculas, células, subsistemas fisiológico, psicológico e espiritual, ou membros de um grupo psicossocial.

O físico nuclear, prof. Capra, tem feito excelentes contribuições ao elucidar, expandir e estender a visão sistêmica da física moderna para os sistemas vivos, em sua busca da convergência entre a ciência ocidental e a sabedoria oriental.

Parece existir uma relação íntima entre a sinergética e a ciência da ioga. Ambos objetivam cooperação, união e integração entre os componentes de um sistema, sob uma visão orgânica, sistêmica e holística. Na realidade, a ioga é sinergia, bem como sinergética.

As diversas técnicas da ioga, tais como: *asanas, pranayama, yamas, niyamas, bandhas, mudras, kriyas,* mantras, meditação, *yoga nidra, satsangha kirtan* etc., foram desenvolvidas para assegurar saúde psicofisiológica, integração psicossocial e crescimento psico-espiritual.

Estas realizações da ioga podem ser compreendidas, qualitativamente tendo como base a sinergética descrita e desenvolvida pelo prof. Haken. Considerando as práticas regulares de diversas técnicas da ioga como *in puts* (de dentro, de fora ou de ambos), o sistema total é posto num estado coletivo ou cooperativo, o qual corresponde a uma estrutura modificada, a uma configuração nova ou a um ritmo específico.

Sinergética e técnicas da ioga

A Figura 1 ilustra o processo de harmonização entre a polarização da respiração entre as narinas esquerda e direita, entre os hemisférios cerebrais esquerdo e direito, e entre os estados consciente e inconsciente, através das técnicas da ioga e do *biofeedback*.

IOGA E SINERGIA PSICOFISIOLÓGICA

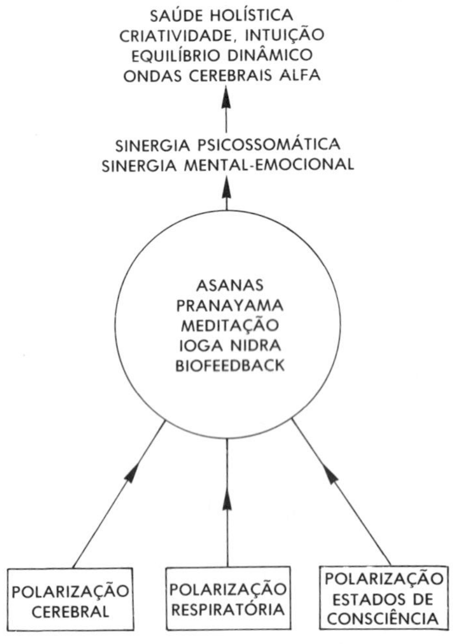

Figura 1

O processo de integração psicossiocial dentre um grupo de pessoas é mostrado na Figura 2.

IOGA E SINERGIA PSICOSSOCIAL

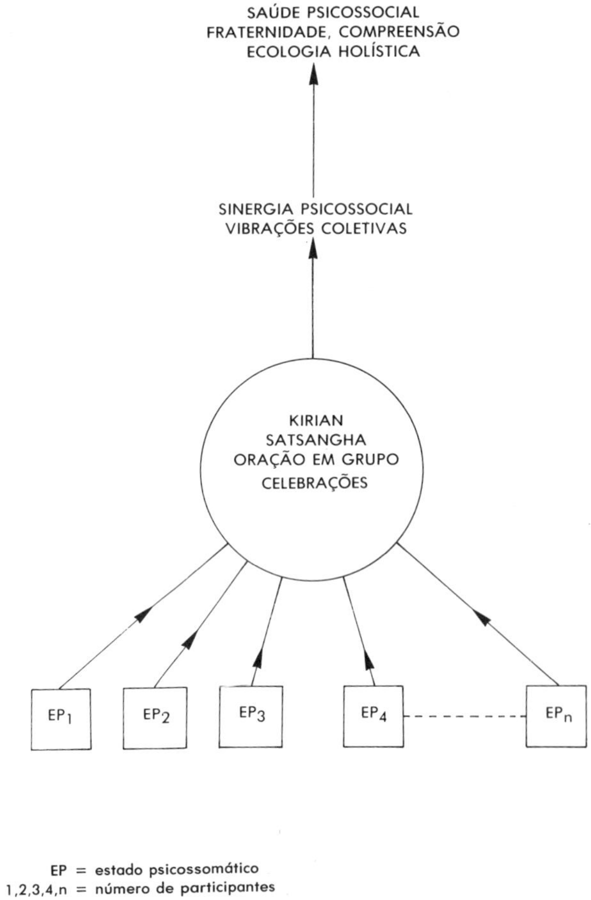

Figura 2

Sinergética e psicologia da ioga

Há mais de dois mil anos, Patanjali, o grande sábio e cientista holístico, delineou um caminho sistemático e detalhado para conseguir autodomínio e auto-realização. Este caminho, conhecido como *ashtanga yoga* (oito componentes — *yamas, niyamas, asanas, pranayama, pratyahara, dharna, ohyana* e *samadhi*), integra o domínio fisiológico, mental e espiritual. Pode ser visto por dois ângulos: *raja yoga* e *tantra yoga*. Na visão da *raja yoga* o caminho é pouco flexível e exige que se caminhe degrau por degrau (*yamas, niyamas, asanas* etc.). Conseqüentemente, é mais apropriado para as pessoas que querem dedicar-se integralmente ao estudo desta ciência. Por outro lado, na *tantra yoga* o caminho é mais flexível e não exige o seguimento degrau por degrau. Portanto, o caminho da *tantra yoga* é mais apropriado para as pessoas que vivenciam esta ciência na vida cotidiana. A Figura 3 ilustra este caminho holístico da ioga.

PSICOLOGIA HOLÍSTICA E IOGA

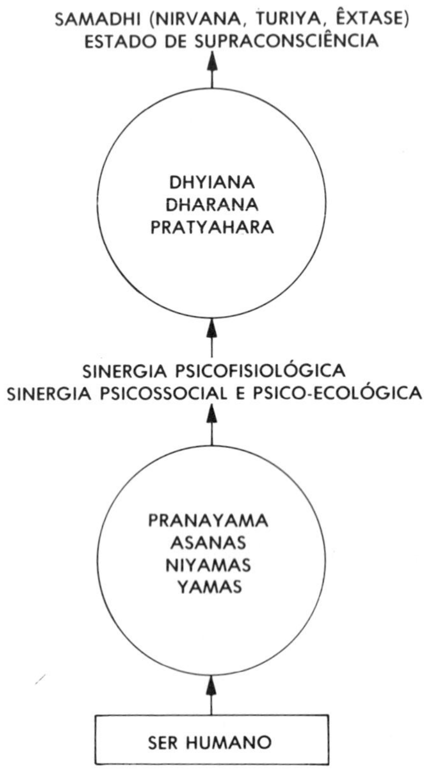

Figura 3

Definições e significados dos termos sânscritos

Para as pessoas não familiarizadas com a terminologia sânscrita, breves definições e significados dos termos são dadas a seguir.

Asanas — posturas estáticas e dinâmicas (meditativas e físicas)
Satsangha — associação das pessoas em busca da verdade
Kirtan — canto de canções devocionais e danças espontâneas
Yoga nidra — sono psíquico ou consciente
Mantras — repetição das palavras ou sentenças específicas para relaxamento holístico e elevação espiritual
Mudras — posições físicas e atitudes psíquicas específicas
Bandhas — travas internas corporais para controle de energia vital
Kriyas — atividades purificadoras específicas
Yamas — autoprescrições éticas
Niyamas — autoprescrições éticas
Pranayama — controle e regulagem da energia vita (*prana*)
Pratyahara — retração dos sentidos dos objetos externos
Dharana — concentração
Dhyana — meditação
Samadhi (Nirvana, Turiya) — identificação com a consciência cósmica

Referências Bibliográficas

(1) KUVALAYANANDA, S. *Yoga therapy — its basic principles and methods*. Nova Delhi, Ministério da Saúde do governo da Índia, 1963.
(2) ________. *Pranayama*. Índia, Kaivalyadhama Lonavla, 1977.
(3) PATEL, C. *Yoga and biofeedback in the management of hipertension*. The Lancet, 1973.
(4) GREEN, E. "Biofeedback for mind-body and self regulation: healing and creativity". In: *Biofeedback and self control*. Chicago, Aldine anual, 1973.
(5) SARASWATI, S. S. *Meditations from the tantras*. Índia, Bihar School of Yoga, 1975.
(6) ________. *Yoga nidra*. Índia, Bihar School of Yoga, 1984.
(7) ________. *The effects of yoga on hipertension*. Índia, Bihar School of Yoga, 1984.
(8) RAMA, S. "The path of raja yoga". In: *Inner paths*. Estados Unidos, Himalayan International Institute of Yoga Science and Philosophy, 1979.
(9) RAMA, S., BALLENTINE, R. e AJAYA, S. *Yoga and psychotherapy — the evolution of consciousness*. Estados Unidos, Himalayan International Institute of Yoga, 1977.
(10) RAMA, S. *Exercise without movement*. Manual I. Estados Unidos, Himalayan International Institute of Yoga Science and Philosophy, 1979.
(11) ANDRADE, J. Hermógenes. *Ioga para nervosos*. Rio de Janeiro, Record, 1968.

(12) ______. *Autoperfeição com hatha yoga.* Rio de Janeiro, Record, 1970.
(13) LEFEBURE, F. *Respiración ritmica y concentración mental.* Buenos Aires, Ed. Kier, 1982.
(14) ROAS, P. M. *Tantra yoga — a ioga de realização.* Rio de Janeiro, 1986.
(15) CREMA, R. *Análise transacional centrada na pessoa... e mais além.* São Paulo, Ágora, 1985.
(16) FADIMAN, J. e FRAGER, R. *Teorias da personalidade.* São Paulo, Harper & Row do Brasil Ltda., 1979.
(17) HAKEN, H. *Synergetics: an introduction.* Berlim, Springer, 1983.
(18) ______. *Synergetics and its applications to phychosocial problems.* Stuttgart, Psychologists Meeting, 1985.
(19) PRIGOGINE, I. *From being to becoming.* San Francisco, Freeman, 1980.
(20) CAPRA, F. *The turning point.* Nova York, Bantam Edition, 1983.
(21) ______. *The new vision of reality — the synthesis of Eastern wisdom and Western science.* Índia, Bharatiya vidya Bhawan, 1983.
(22) ARORA, H. L. *Meditação e saúde psicofisiológica.* Fortaleza, ACEPY Informativo, III trimestre, 1986.
(23) ______. *Satsang e Satsangha — busca da verdade.* Fortaleza, ACEPY Informativo, IV trimestre, 1986.
(24) ______. *Estado atual do desenvolvimento científico à luz da ioga.* Anais do III Congresso Nacional de Ioga. Olinda, 1986.
(25) ______. *Mantra e meditação.* Anais do III Congresso Nacional de Ioga. Olinda, 1986.

13

A TRADIÇÃO HESICASTE — ESPÍRITO E MÉTODO UM CAMINHO NOVO NO CRISTIANISMO

Jean-Yves Leloup

A palavra "hesicaste" quer dizer o silêncio, a paz. Os hesicastes são pessoas à procura desse silêncio, dessa pesquisa interior. Eles vivem hoje no monte Athos, mas também em todas as cidades do mundo, porque esse silêncio e essa paz não estão num lugar ou num país. São os sucessores daqueles a que chamamos, na tradição cristã, os pais do deserto. São os sucessores também dos judeus de Alexandria, chamados de terapeutas. Filon de Alexandria dizia que essas pessoas mereciam o nome de terapeutas porque cuidavam não somente do corpo, mas também do psiquismo. Eram terapeutas porque cuidavam do ser. E, cuidando do ser, cuidavam também de todo o universo, porque nós somos um único ponto do universo, onde podemos realmente ter uma ação. Se você tem a paz em você, há um lugar no universo em que existe paz.

Todos você conhecem a história contada por Yung? Num país onde não chovia mais, o rei pediu aos mágicos, aos sábios, que fizessem chover. Eles fracassaram, um depois do outro. Chegou, então, um homem silencioso e permaneceu num quarto isolado. Três dias depois choveu. O rei perguntou-lhe o que havia feito, ao que ele respondeu que precisou de três dias para se recolocar em harmonia com o universo, porque naquele país havia desordem. Se recolocarmos ordem em nós mesmos, recolocaremos ordem no universo. Essa é a abordagem dos hesicastes.

Esse silêncio, essa solidão, é também o quarto nupcial, o lugar de união com seu Deus, o que na tradição hesicaste se chama *atoosis*, a divinização.

Gregório Palamas nos lembra que a essência de Deus permanece inacessível, mas que podemos participar de sua energia. Podemos participar da irradiação de sua presença. Não se pode conhecer o coração do Sol, mas podemos ser aquecidos e iluminados pelos seus raios. A divinização, a transfiguração, é a participação da irradiação da essência inacessível. Esse é o objetivo.

Agora, quais os métodos, as práticas, desses hesicastes? Vamos ver alguns elementos importantes dessa tradição, tais como eu mesmo recebi no monte Athos.

Primeiro, a importância do *starets*, que, em russo, quer dizer "o velho", o velho que não é somente a pessoa carregada de anos, mas que está plena de experiência e que pode nos conduzir pelo caminho dessa realização. Desde que haja técnicas e métodos, é importante ter um mestre, um pai espiritual que desencadeie em nós, que acorde em nós a faísca da divindade.

O segundo ponto importante é a postura sentada. O monge que me ensinou pediu-me somente para encontrar uma postura em que eu não me sentisse tenso ou cansado. Antigamente, os hesicastes tinham as costas curvadas e a cabeça virada para o umbigo. Meu *starets* me pedia que eu ficasse com a coluna vertebral reta, porque, dizia-me ele, "antigamente os homens eram fortes e tinham necessidade de se curvar para reencontrar a humildade. Mas a você falta energia. Você precisa ter a coluna vertebral reta".

O que é importante na postura é a imobilidade. Essa imobilidade do corpo leva à imobilidade dos pensamentos. Não logo. Mas pouco a pouco entramos num silêncio verdadeiro. Não somente o silêncio dos lábios, mas o silêncio do coração. E os hesicastes nos dizem que o coração é como um espelho purificado, limpo, onde pode se refletir a luz.

O terceiro elemento importante é a respiração. No cristianismo, a respiração é algo sagrado, porque nos coloca em contato com o *pneuma*, traduzido geralmente por "espírito", mas que deveria ser traduzido por "sopro". Aprender a respirar é um exercício espiritual, um exercício que nos faz entrar no sopro divino, o sopro que anima todo o universo. O conselho que me dava o *starets* era que eu simplesmente respirasse mais suavemente. Vocês podem tentar. É um bom exercício psicossomático, bem como um bom remédio contra a raiva e contra as paixões.

O quarto elemento importante é a invocação do nome. Nosso espírito é disperso; precisa de um alimento. Os hesicastes propõem dar como alimento ao espírito disperso, para reunificá-lo, o nome de Jesus. No livro *O peregrino russo*, traduzimos a invocação "Senhor Jesus Cristo, tem piedade de mim". Não creio que seja uma boa tradução. Lembro-me, no monte Athos, do momento em que cheguei ao monastério. Pensei estar me aproximando de uma colmeia de abelhas. Entrando no monastério, vi que todos os monges recitavam *Kyrie Eleison*. O conjunto criava um clima vibratório extraordinário. Não se trata simplesmente de invocar um nome com a mente, mas entrar nessa vibração que nos aproxima do silêncio inefável.

Além disso, há a presença de Jesus, que reúne nele a realidade de Deus e a realidade do homem, sem confusão, sem separação. Ele afirma a possibilidade de uma união entre Deus e o homem. Quando se traduz "Senhor, tem piedade", é preciso compreender "envia-me teu espírito, anima-me com teu sopro, renova minhas células com tua presença". Tudo isso é vibrante na invocação *Kyrie Eleison*.

A postura, a respiração, a invocação do nome nos conduzem ao coração, que é, na tradição hesicaste, o centro do homem, o lugar de encontro entre o céu e a terra, entre Deus e o homem.

Há uma palavra de um antigo que diz: "Tenha um coração e você será salvo". Isso quer dizer: encontre o seu centro e conhecerá essa salvação.

Em grego, a palavra *soteria* quer dizer, ao mesmo tempo, "salvação" e "saúde". No Evangelho, Jesus diz ou "tua fé te salvou", ou "tua fé te curou". É a mesma realidade, a mesma cura, em todos os níveis do ser.

Quando encontramos nosso coração, vivemos na presença do sol interior, o que os hesicastes chamam de Cristo interior. Cristo não é mais um modelo a ser imitado exteriormente, mas uma fonte viva interior, que devemos deixar que habite em todos os níveis do nosso ser interior.

O que dizer depois disso? Tudo ainda está por fazer. O que gosto muito, nessa tradição hesicaste antiga, é da sua insistência numa prática de transformação interior. E essa transformação interior transforma realmente o mundo. Não podemos levantar um pedacinho de grama sem levantar as estrelas. E os físicos também dizem isso, na sua linguagem. No monte Athos encontrei homens que, no silêncio e na solidão, trabalhavam para recolocar ordem no universo. E, para terminar, quero dizer que se nos acontecer de termos que atravessar o deserto de solidões áridas, isso pode ser uma oportunidade de colocar ordem em nós mesmos, e de comunicar essa paz a todo o universo.

Sobre o lugar da mulher, da sexualidade, no monte Athos, quero citar a resposta de dois monges. A primeira, acredito, é estúpida; a segunda talvez seja mais interessante.

O primeiro monge me disse, um dia, que no monte Athos não se pode pecar. Perguntei-lhe por que, ao que ele me respondeu que era porque lá não havia mulher. É a resposta estúpida.

A segunda resposta é mais interessante. Um monge me disse que, antes de encontrar verdadeiramente uma mulher, eu precisava realizar as núpcias em mim mesmo, a união do masculino e do feminino em mim. Não estamos longe, aqui, da linguagem de Jung, quando fala da integração entre *animus* e *anima*.

Se não há mulher no monte Athos, é porque cada um deve encontrar sua própria mulher interior. E quando os dois fazem um, o Reino está presente. É uma outra razão.

Um outro aspecto igualmente importante é que, na tradição hesicaste, o monge nem sempre é celibatário. A palavra "monge" vem do grego *monos*, que quer dizer "um". O monge é o que procura realizar a unidade, unidade entre o corpo, o coração e o espírito, colocar a paz onde há a guerra, entre nossos pensamentos, nossos sentimentos e nossos impulsos. Ser monge é entrar nessa transformação que visa à realização da unidade em si mesmo. Creio também que ser monge não está reservado apenas a pessoas que se isolam. Na tradição antiga, todo homem e toda mulher que estivesse num caminho de integração de suas polaridades masculina e feminina, corporal e espiritual, podia ser chamado de monge, *monos*.

Quanto à contribuição que a meditação, essa transformação interior pode trazer para melhorar a perspectiva de guerra no mundo, talvez seja o começo. Trata-se de desmontar a bomba que está em cada um de nós, a violência, o roubo, a mentira. Isso não vai mudar muita coisa exteriormente. Se cremos na interconexão de todas as coisas, isso é um começo. É sempre melhor do que falar sobre a paz com violência em nós mesmos.

Teresa de Calcutá, quando se lhe diziam: "O que a senhora faz não serve de nada, pois há muita miséria em seu país", respondia: "É uma gota d'água no oceano. Mas se há muitas gotas d'água, é o oceano que poderá ser mudado, transformado". Trata-se de tomarmos consciência de que o que fazemos é uma gota d'água. Uma gota d'água é melhor que nada. Desmontar a bomba atômica é, talvez, o que podemos fazer concretamente, realmente. Mas isso não nos dispensa de uma ação. Não se deve opor o exterior e o interior. Um discurso sem transformação interior não vale nada. Uma transformação interior deve ter também implicações no mundo exterior. Não opor interior e exterior. Começar onde estamos.

III UM OLHAR PARA O FUTURO

14

EM DIREÇÃO A UMA NOVA ORDEM MUNDIAL

Radha Burnier

Durante o curso da história, vários povos e civilizações avançaram até um certo ponto devido à sua capacidade e a seus méritos. Mas, então, entraram em declínio, freqüentemente porque seus méritos não foram capazes de fazê-los vencer certos desafios. Tornaram-se causa de grande auto-satisfação. Caíram, então, num estado de apatia ou orgulho de suas próprias conquistas. Quando um desafio se apresentava diante deles, esta atitude de auto-satisfação ou de orgulho impossibilitava que eles fizessem face a esse desafio, o que os impediu de reconhecer sua natureza e os meios para enfrentá-lo.

Assim, o que ocorre numa época torna-se impedimento em época posterior. E os desafios nunca vêm do lado externo. Nos dias atuais há muitos e sérios desafios. Há o problema da deteriorização ambiental, que pode afetar a saúde e a conservação da própria espécie. Um grande número de pessoas está se tornando consciente disso, bem como dos perigos da corrida armamentista. A pobreza, que aflige grande parte do mundo, pode ser um perigo para toda a humanidade.

Mas tudo isso são efeitos; e não são reconhecidos como efeitos. Os desafios externos são considerados os mais importantes a serem resolvidos. Devido a isso, a humanidade tem estado sempre preocupada em encontrar soluções políticas, econômicas, sociais. No entanto, deveria ver que cada solução, se vista apenas do lado externo, torna-se problema.

Aquilo que poderia libertar essa capacidade do homem choca a iniciativa. Instituições se tornam petrificadas; formas se tornam importantes; e os indivíduos, insignificantes.

Mas, embora o homem possa compreender que todas essas soluções são encontradas num nível externo, ignora as questões fundamentais. Ele deve procurar as reais soluções. De outra forma, o mundo permanecerá, século após século, milênio após milênio, mais ou menos nas mesmas condições. Os detalhes do exterior podem mudar, mas a condição interna do homem é a mesma. Externamente sempre em conflito. A guerra tem sido uma parte essencial da história humana, assim como a opressão, a competição etc., porque internamente o homem permanece o mesmo.

Foi provado que o homem não se distingue anatomicamente dos animais. O que realmente o distingue é sua capacidade de consciência ou de reflexão. Mas, a despeito disso, inúmeras vezes ele pensa como se fosse apenas um bípede ereto ou uma pessoa que tem capacidade para, através da linguagem, acumular conhecimento. Hoje em dia há uma enorme quantidade de conhecimentos, e esses conhecimentos estão se estendendo a muitos campos, produzindo muito conforto e conveniências. Na chamada Idade do Progresso, criou-se um sentimento de auto-satisfação e de orgulho. Mas, apesar de todo esse conhecimento, há uma incrível desumanização. Talvez nenhum outro século tenha visto tanta crueldade como o nosso, em tão vasta escala. Milhões de pessoas foram desenraizadas de seus lares e forçadas a ir para outros lugares. Igualmente, milhões foram liquidados em nome da ideologia política. Todos os dias, milhões de animais são cruelmente destruídos pelos seres humanos, para experiências, em nome desse conhecimento.

Assim, na época atual há uma história particular da crueldade, numa vasta escala. E toda essa desumanidade coexiste ao lado das conquistas e da extensão do conhecimento e da informação que estão ao alcance do homem. Ela ocorre porque raramente o homem questiona a si mesmo sobre o que é ser realmente humano. Como dissemos anteriormente, a capacidade de reflexão e de consciência é intangível; jaz no campo dos valores que são especiais ao homem.

É inevitável reconhecer que estamos criando essa ordem social plena de abomináveis crueldades e opressão que existe no presente. Um filósofo conhecido disse que o homem cria a espécie de sociedade que está relacionada com o conceito que ele tem de si mesmo. Se ele pensa que é uma criatura da informação, da linguagem, e assim por diante, irá criar uma sociedade desumana. Somente quando se reconhece a si mesmo, sua extraordinária capacidade daquilo que existe em um nível intangível, o homem poderá atingir sua plena altitude, dignidade, estatura, e criar uma ordem social adequada para si, que traga a felicidade e a paz que todos buscam.

Se vemos um carneirinho pulando nos campos, não podemos chamar isso de dança, pois um carneirinho não é consciente daquilo que faz. A dança é peculiar ao ser humano, porque envolve a consciência atenta do que é beleza. E, treinando a si mesmo, o homem pode expressar a beleza na vida.

De maneira semelhante, somente a consciência humana é capaz de ter consciência do que seja a natureza da harmonia, do amor, da verdade, da liberdade e de todos os valores que tornam a vida humana importante. De todos esses valores, o maior é a unidade. Todos os outros são simplesmente facetas deste valor único.

Esses são os ensinamentos que muitos antigos religiosos e filósofos nos deram: a atividade mais importante em que um ser humano pode se engajar é explorar a questão dos valores. No pensamento indiano, reconhece-se a liberdade interna, liberdade da pressão do egoísmo e das tendências animalescas que existem em nós. Essa é a única e verdadeira liberdade. E somente quando o seu coração estiver livre de todas as paixões e pressões, que fazem do homem um escravo de si mesmo, poderá ele descobrir que a unidade é uma parte da própria natureza, que subjaz numa aparente desigualdade.

Uma antiga analogia foi dada; fala-nos da natureza do espaço. O espaço parece estar confinado em vários locais: num quarto quadrado, oblongo ou circular. O tamanho e a forma do quarto diferem, mas, quando as paredes confinadoras são destruídas, o espaço torna-se indivisível, porque essa é a sua natureza.

A vida é uma unidade dessa mesma espécie. Indivisível, só é dividida pela mente humana. E esta é a mais alta atividade humana: descobrir essa unidade que está por trás das aparências. Esse é o maior dos valores que podemos encontrar, porque modifica todo o nosso relacionamento.

Portanto, o ser humano tem que voltar-se para dentro para verificar o que realmente é, qual o seu mais alto potencial, qual a mais nobre faculdade que possui, e não imaginar-se como uma espécie superior de animal.

Essa tarefa de autocompreensão e autoconhecimento é o que há de mais importante para a felicidade e a paz de toda a humanidade.

Somente uma ordem mundial que seja construída sobre essa compreensão, da profunda natureza humana, pode trazer um estado permanente de paz. Isso pode parecer uma utopia, mas, de fato, é a mais prática de todas as atividades, porque as chamadas atividades práticas mudam os sistemas externos, sejam econômicos, políticos ou de outra espécie, mas isso se prova muitas vezes fútil. E foi fútil, muitas vezes, durante séculos. Aquilo de que mais necessitamos é desenvolver essa capacidade de autoconsciência e, compreendendo e analisando nossa própria natureza, criar uma ordem e um relacionamento baseado nesse sentido de unidade, e não na ilusão das diferenças.

É esse, talvez, o ensinamento essencial da religião e da filosofia, sem o qual não poderá haver verdadeiro progresso.

15

CONSTITUIÇÃO PLANETÁRIA

Maurício Andrés

> "O nacionalismo não é o conceito mais elevado; a comunidade mundial é o conceito mais elevado. Eu não gostaria de viver neste mundo se ele não se tornasse um mundo unido. Nosso objetivo é o mundo único; temos que trabalhar por ele e pela fraternidade humana."
>
> MAHATMA GANDHI

A Constituição para a Federação da Terra foi formulada por uma Assembléia Constituinte Mundial reunida na Áustria e composta de 135 participantes de 25 países. Foi publicada na imprensa de Auroville, comunidade internacional localizada na ex-colônia francesa de Pondichèrry.

O anteprojeto de Constituição para a Federação do Planeta Terra apresenta a visão de que nos encontramos no limiar de uma era de paz, prosperidade, justiça e harmonia. Defende uma abordagem ecológica para os problemas mundiais e considera que as questões ambientais, hoje, extrapolam as fronteiras nacionais, constituindo-se num problema planetário.

No seu preâmbulo, alinham-se argumentos que embasam esta iniciativa tomada por cidadãos do mundo, decididos a dar os primeiros passos para o estabelecimento de uma federação planetária. Entre esses motivos, destacam-se: a consciência "da interdependência dos povos e das nações; que o conceito tradicional de segurança por meio da defesa militar é uma ilusão total tanto para o presente como para o futuro"; a consciência de que "o abuso da ciência e da tecnologia vem colocando a humanidade à beira da catástrofe ecológica e social e do desastre através de armamentismo", e também de que "a humanidade é Una, apesar da existência de diversas nações, credos, ideologias e culturas, e que o princípio da unidade na diversidade é a base para uma nova era na qual a guerra será banida e a paz prevalecerá".

A Constituição Planetária é um exercício que propõe formas concretas para o funcionamento de um governo mundial e para a implementação dessa articulação planetária.

Entre o preâmbulo e o artigo final, que trata do governo mundial provisório, a Constituição aborda as funções, a estrutura básica, os poderes, os órgãos e princípios diretivos do governo mundial. Prevê a estrutura do Parlamento, do Executivo, da administração e do Judiciário, o *ombudsman* mundial, além do sistema de vigilância e do complexo integrativo.

Um artigo específico trata da Carta de Direitos dos Cidadãos da Terra, que compreende dezoito itens. Há artigos que definem as zonas federais, as capitais mundiais, os territórios mundiais e as relações exteriores; outros ainda tratam dos procedimentos para a sua ratificação e dos requisitos necessários nos estágios operativos do governo mundial.

Nessa Constituição, é radical e rigorosa a abordagem do desarmamento; todas as armas de destruição em massa deverão ser desmanteladas e convertidas em instrumentos de uso pacífico, sendo seus materiais reciclados para outras finalidades. Uma Agência para o Desarmamento Mundial, a ser criada, teria a seu cargo esta tarefa pacifista.

Os grupos ou países que não desejassem enquadrar-se nas diretrizes do governo mundial continuariam vivendo em reservas ou territórios fora do domínio deste governo, desde que sua extensão não fosse significativa na superfície total do planeta.

O processo de ratificação da Constituição Mundial seria voluntário, seja por parte dos governos ou dos indivíduos. Não há imposição para se aderir à Constituição Mundial, que seria crescente e gradualmente adotada por países, grupos e unidades políticas. Alcançado o segundo estágio operativo do governo mundial (que dependerá da ratificação da Constituição por metade dos países da Terra ou de ação equivalente), a ONU e suas agências seriam convidadas a integrar-se a ele.

O estudo dessa Constituição coloca em pauta o pano de fundo da situação internacional, e o ideário de pensadores que "refletiram" sobre o tema. Durante o século XX, o relacionamento plurilateral entre os vários países vem evoluindo, desde a Liga das Nações até a Organização das Nações Unidas. A forma futura desse relacionamento será diferente da atual, à medida que se evidenciem as deficiências da ONU, e que a situação política global evolua.

O resultado dessa proposta é uma incógnita; não se sabe se esta situação desembocará num governo mundial ou se evoluirá no sentido inverso, o da autonomia nacional crescente, ou até mesmo de um possível desgoverno. Os cenários políticos para o futuro variam desde um governo mundial até formas menos unitárias de sistemas políticos, com a fragmentação das nações e o desmantelamento da autoridade centralizada.

O tema do governo mundial pode encerrar várias conotações, que vão desde a visão assustadora de uma tirania planetária, burocratizada e tecnocrática, até a visão paradisíaca de um futuro de ouro para a humanidade. No intervalo compreendido entre essas visões extremas, existe uma gama variada de nuances, desde as românticas, que acreditam na autonomia das comunidades locais, até as céticas, que associam a idéia de um governo mundial a um superpoder hegemônico.

Num período em que as utopias se tornam rapidamente obsoletas diante das premências do cotidiano, a proposta desta Constituição pode ser considerada idealista e sonhadora. Mas, por outro lado, há quem veja no governo mundial um passo inevitável na evolução política, caso a humanidade deva encontrar um caminho para livrar-se do extermínio total. Entre as personalidades mundiais que compartilharam desta idéia está Jawarharlal Nehru, ex-primeiro ministro da Índia, que disse:

> "Eu não tenho dúvidas em minha mente de que a federação mundial deve vir e virá, porque não há outro remédio para a doença do mundo".

Outra afirmação nesse sentido é de Teilhard de Chardin, pensador ocidental cristão, para quem

> "A idade das nações já passou. A tarefa diante de nós, agora, se devemos sobreviver, é a de construir o planeta".

Nessa mesma linha, também para Bertrand Russel,

> "A humanidade não chegará ao século XXI caso não se estabeleça alguma forma de governo mundial".

A Constituição apresenta idéias que são referências e coloca em pauta temas relevantes para reflexão e debate. Pode haver, portanto, utilidade e valor nas propostas da Assembléia Constituinte Mundial que se reuniu em Innsbruck, em 1977, propostas que resultaram neste anteprojeto. Ele pode ser tomado como um paradigma que desenha os contornos de um futuro e que serve como baliza para as ações e decisões que se tomem até que venha a se tornar mais clara a necessidade de um governo mundial.

Neste sentido, o estudo da Constituição Planetária poderá inspirar a adoção de idéias e princípios sintonizados com o futuro e com os desafios que ele nos propõe.

DIAGRAMA DO GOVERNO MUNDIAL DE ACORDO COM A CONSTITUIÇÃO PARA A FEDERAÇÃO DA TERRA

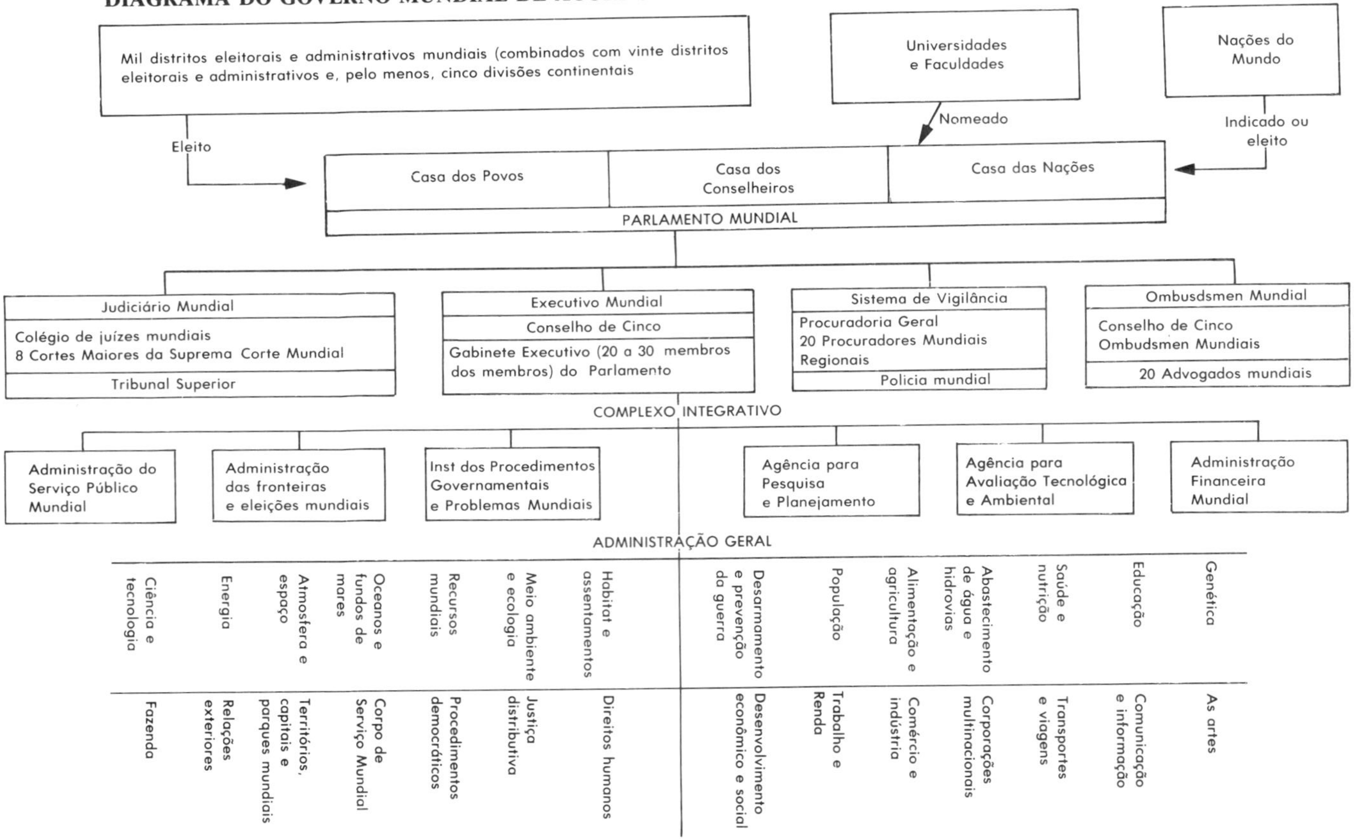

16

NOVA LÓGICA, NOVO AMOR

Pierre Weil

A mudança do paradigma newtoniano-cartesiano para um paradigma mais abrangente, o paradigma holístico, se deve a dois fatos essenciais: por um lado, a insuficiência da lógica clássica formal para explicar certos eventos paradoxais na física quântica e na psicologia transpessoal; por outro lado, a reificação do homem, com a conseqüente repressão dos valores superiores, particularmente o amor verdadeiro.

São estes dois aspectos e seu inter-relacionamento que vamos colocar em evidência neste breve trabalho.

A insuficiência da lógica clássica formal

À medida que a física quântica se desenvolvia, seus pesquisadores se defrontavam com um fenômeno que desafiava a lógica formal, na qual eles mesmos estavam mergulhados ou, melhor ainda, da qual eles estavam tão compenetrados, como nós todos, aliás, que tinham dificuldades em aceitar os fatos por eles mesmos descobertos.

Já a descoberta de Einstein, de que matéria *é* energia, feria um princípio de bom senso lógico, segundo o qual a realidade é o que pode ser verificado por um ou vários dos nossos sentidos; se, como o mostrou Max Planck, uma partícula *é* uma onda, a matéria que percebemos visualmente e tatilmente como sólida, na realidade, é uma espécie de fantasmagoria, de ilusão dos próprios sentidos.

Aquilo que chamamos de matéria é então um sistema energético resultante de forças antagônicas que permitem manter o sistema como tal.

E, desde que a relatividade de Einstein reduziu a velha concepção de matéria à de energia, o próprio conceito de *elemento* foi substituído pelo de *evento*.

É justamente este o ponto de partida de uma nova lógica, a *sistemologia*, elaborada por Stephane Lupasco, que afirma que "... toda matéria, todo objeto, pequeno ou grande, do objeto da microfísica ao objeto da astrofísica, se apresentam sob a forma de um sistema ou, melhor ainda, de uma sistematização energética dotada de uma certa resistência.

É a resistência relativa dos sistemas de eventos, que nada mais são do que relações energéticas — resistência imposta por diferentes formas de ligação, tais como forças de coesão, de valência, de troca, inerentes aos próprios eventos —, que confere à nossa representação sensível essa impressão de realidade física consistente e opaca que chamamos de matéria" (1).

Enquanto a nossa lógica formal é uma lógica de não-contradição, Lupasco nos introduz num mundo de contradição: "Todo sistema energético parece pois exigir, como condição *sine qua non* de sua existência, a possibilidade de dinamismos antagônicos, e resulta sempre dos seus equilíbrios variados. Trata-se mesmo de uma lei — de uma lógica imanente que perturba suficientemente a nossa tranqüila "razão", para que ela queira virar as costas a esta lógica — de toda sistematização" (2).

Não podemos apreender a energia, mas podemos observar suas manifestações antagônicas que ditam seu dinamismo constante.

Não há possibilidade de existência de um sistema sem duas forças antagônicas: uma de atração, outra de repulsão; isto é válido para os sistemas da astrofísica, moleculares, atômicos e nucleares. O que Lupasco chama de "Princípio de Antagonismo" é um princípio fundamental da lógica da energia: "Tudo o que se manifesta a nós fisicamente, todo e qualquer fenômeno, toda modificação de um certo estado de coisas implica a existência de uma energia que não é e não pode ser rigorosamente estática — sem o que nada aconteceria jamais no universo; um dinamismo está, por conseguinte, sempre presente como motor de qualquer evento; um dinamismo (...) implica por sua vez uma passagem de um certo estado potencial à atualização; se um dinamismo qualquer pode permanecer no estado potencial, como estado de atualização, é sinal de que alguma coisa pode mantê-lo tal qual; ora, este algo só pode ser, ele mesmo, um dinamismo no seu estado de atualização antagonista, pois é preciso que, por sua vez, ele possa se potencializar para permitir a atualização do outro; (...) esses dinamismos são, e devem ser, tais que a atualização de um implica a potencialização do outro, ou ainda, que ambos se encontram sobre as duas trajetórias da passagem do potencial ao atual, e do atual ao potencial, em direção ou dentro de um estado ao mesmo tempo de igual atualização, um em relação ao outro" (3).

Estas relações de antagonismo são necessariamente muito mais fortes nos sistemas da microfísica, e mais relaxadas na astrofísica, à medida que se caminha para sistemas mais complexos. E é justamente aí que se opera uma mudança de lógica. "A distinção entre 'pequeno' e 'grande' é puramente relativa e não pode constituir um critério válido. Nada impediria, do ponto de vista teórico, que os fenômenos da microfísica fossem os mesmos que os fenômenos macroscópicos, e é justamente o que uma certa física antiga clássica tomava como certo. Se as leis desta última só têm aplicações estatísticas e probabilísticas na microfísica, é porque, em contraposição a uma interpretação que nos parece errônea da experiência microfísica, os eventos e sistemas energéticos manifestam propriedades diferentes, porém tão 'reais' umas e outras, ao passar de um plano para outro" (4).

Neste outro plano, ao contrário do que se observa na física clássica, "todo evento se apresenta ao mesmo tempo como corpúsculo e como onda, sem poder no entanto ser rigorosamente nem um nem outro; ele participa dos valores de descontinuidade que representam a noção de corpúsculo e dos valores de continuidade que representam a noção de onda, noções aliás muito complexas e que compreendem múltiplas implicações..."[(5)].

Há por conseguinte duas forças polarizantes e contraditórias da experiência lógica energética: a identidade e a não-identidade; enquanto a lógica formal clássica não admite a possibilidade da implicação recíproca das duas forças, a lógica de Stephane Lupasco afirma que a identidade implica a não-identidade ou, melhor, que a existência de todo e qualquer sistema (s) é função da coexistência contraditória entre a identidade (i) e a não-identidade ($\bar{i}$), o que ele escreve: $s = f(i\ \bar{i})$.

A identidade e a não-identidade estão em estreita correlação com o princípio de homogeneização, que por sua vez representa o segundo princípio da termodinâmica de Carnot-Clausius, e o princípio de heterogeneização, cuja expressão lógica é a não-identidade e que resulta do princípio de exclusão de Pauli.

Do jogo recíproco de potencialização e de atualização dessa heterogeneidade e dessa homogeneidade resulta o que Lupasco chama de "três matérias":

A matéria do sistema macrofísico resulta de uma predominância de atualização do homogêneo e de potencialização do heterogêneo.

O sistema biológico ou vital corresponde a uma atualização do heterogêneo e a uma potencialização do homogêneo.

O sistema psíquico resulta de um equilíbrio entre as forças de homogeneização e de heterogeneização, o que é o caso também da microfísica.

Assim, a energia está em constante movimentação transfinita entre estes dois pólos, de tal modo que não haja nunca homogeneização ou heterogeneização absolutas.

Do mesmo modo que Smuts, como o mostramos anteriormente, Lupasco integra num só sistema energético matéria, vida e mente. Mas, enquanto Smuts admite o surgimento da vida a partir da matéria densa, Lupasco acredita, e o expressa, que vida e mente já estão em potencial em algum lugar, no estágio da matéria física.

Embora o estruturalismo e a teoria geral dos sistemas de Van Bertalannfy representem também uma tentativa de integração dos três sistemas, Lupasco é o primeiro, e até hoje o único, a colocar o problema sob forma de lógica matemática e ter a coragem de criar uma nova lógica que responda às aparentes contradições da física quântica.

No entanto, outros desafios têm surgido; entre eles, convém citar o do holograma, que tende a nos mostrar uma outra relação "ilógica", segundo a qual o todo está em todas as partes; como se sabe, o holograma é uma chapa fotográfica que, cortada em pedaços, reproduz, através de cada um deles, o retrato do conjunto. Um novo princípio de lógica deveria surgir deste fato: não só as partes estão no todo, mas o todo está em todas as partes.

Mas, voltando à física quântica, outros aspectos ainda estão a desafiar a lógica; um deles é o princípio da "causalidade local", que é a causalidade linear, estreita, correspondente ao paradigma newtoniano-cartesiano, que, como já dissemos, vê os objetos separados uns dos outros. Ora o mundo quântico é um mundo de não-separatividade. Como mostra Nicolescu, "a não-separatividade quântica tem um significado muito mais interessante do que os nossos hábitos mentais clássicos tentam nos fazer crer. Ela nos diz que há no mundo, pelo menos numa certa escala, uma coerência, uma unidade, leis que asseguram a evolução do conjunto dos sistemas naturais (6). O fato de uma partícula ser *ao mesmo tempo* uma onda faz da partícula algo que Nicolescu chama de "unidade dos contraditórios"; essa unidade é mais do que a soma das suas partes, princípio já enunciado por Smuts, como mostramos anteriormente.

A "causalidade local" do paradigma newtoniano implicava uma continuidade de causa e efeito. A física quântica introduziu, a partir de Max Planck, a descontinuidade. Como mostra B. Nicolescu: "Para tentar compreender toda a estranheza da idéia de *descontinuidade*, imaginemos um pássaro que salta de um ramo ao outro de uma árvore *sem* passar por nenhum ponto intermediário: é como se o pássaro se materializasse de repente num ramo ou no outro. Evidentemente, nossa imaginação habitual se encontra bloqueada perante uma tal possibilidade. Mas a matemática pode rigorosamente tratar este tipo de situação".

É interessante notar que em psicologia também houve uma aparente ruptura entre duas lógicas; o aparecimento da parapsicologia e da psicologia transpessoal tem mostrado que a causalidade adotada na psicologia experimental é também uma causalidade "local", justamente devido ao fato de que a psicologia tem se inspirado no modelo newtoniano da física. Tal como na física quântica, a parapsicologia nos mostra um fator PSI de percepção extra-sensorial e de psicocinesia que desafiam as leis da macrofísica e não fazem parte das leis das ondas eletromagnéticas. Existe uma comunicação de mente para mente; a mente tem acesso a dados do passado e do futuro, vencendo a barreira do tempo (tal como a física quântica) e, muito mais, a mente pode mover objetos à distância.

De outro lado, a psicologia transpessoal tem mostrado que existe em cada um de nós o potencial de vivenciar uma outra ordem de realidade, em outro estado de consciência, e que a realidade vivenciada é função do estado de consciência em que nos encontramos. O que é lógico num estado não o é mais em outro.

No estado de consciência cósmica ou transpessoal, a vivência da relação do todo com as partes lembra o modelo holográfico, o que foi, aliás, a base do princípio de Hermes: "o microcosmo reproduz o macrocosmo", ou de Heráclito: "as partes no todo, o todo nas partes".

Enfim, a experiência transpessoal, nos seus últimos estágios, vê dissolver-se a separação dualista sujeito-objeto, mostrando o caráter relativo desta separação, que chamamos de fantasia da separatividade, e que é responsável por toda espécie de reações neuróticas. Esta experiência traz consigo uma posterior modificação do sistema de valores e, particularmente, desperta o verdadeiro amor.

O novo amor

Assim, psicologia e física estão se encontrando para descobrir que no universo existe uma harmonia, muito mais uma unidade subjacente à aparente heterogeneidade, e que predomina essencialmente a não-separatividade de coisas, pessoas e idéias, ou da matéria, da vida e da mente.

Da vacuidade não-vazia surge a energia que, sob forma de eventos, rege todos os sistemas; um sistema em relação com "outro" sistema é, em última análise, a energia que se encontra consigo mesma. O ser está em "holoscopia" quando dois seres estão em heteroscopia ou quando um ser em meditação entra em autoscopia. Não somente a agressão, a violência, o ciúme, o apego e o orgulho não têm mais sentido lógico nesta perspectiva, mas, mesmo o amor e a compaixão se transformam numa vasta "holofilia"; quando um ser ama outro, é o ser que se ama a si mesmo.

Poder-se-ia pensar que basta adotar este ponto de vista para que o verdadeiro amor brote no nosso coração. Isto seria fácil demais. Se é verdade que tal posição dissolve obstáculos intelectuais ao amor altruísta, a experiência mostra que só a prática holística ou holoprática pode desbloquear o verdadeiro amor.

O amor que conhecemos está completamente deformado pela visão separatista, que, no plano epistemológico, corresponde ao antigo paradigma newtoniano-cartesiano. Ele se traduz, na maioria das vezes, por uma troca sutilmente calculista de carinho e prazer físico, de serviços recíprocos e de luta contra a solidão e o próprio sentimento de separatividade. Somente os que entraram profundamente dentro de si mesmo e conseguiram dissolver completamente a separatividade, o apego e a rejeição, e realizaram a sua verdadeira natureza, é que se encontram em condições de viver o verdadeiro amor, o qual assume características de equanimidade, dirigindo-se a todos os seres do universo. É um sentimento de felicidade de propiciar felicidade ao outro, de alegria de ver o outro alegre, de sentir o sofrimento do outro e de querer aliviá-lo. Confundimos amor com apego.

Este amor é fruto de vivência e jamais pode ser conseqüência de uma decisão lógica, baseada apenas na razão. Já Pascal dizia que "o coração tem razões que a razão desconhece". A lógica do coração é, parodiando Kant, um "imperativo categórico". É inseparável da sabedoria primordial que existe em cada um de nós; uma vez despertada por práticas holísticas, esta sabedoria se coloca automaticamente a serviço do amor aos outros, e vice-versa; uma vez despertado, o amor altruísta acorda e elicia a sabedoria primordial. Conhecer e amar se tornam um só processo indissociável; amar é conhecer, e não se pode conhecer verdadeiramente sem amar.

Referências Bibliográficas

(1) LUPASCO, S. *Les trois matières*. Paris, Julliard, 1960, p. 15.
(2) Cf. 1, p. 17.(3) Cf. 1, pp. 19-20.
(4) Cf. 1, pp. 23-24.
(5) *Ibidem*.
(6) NICOLESCU, B. *Nous, la particule et le monde*. Paris, Le Mail, 1985, p. 33.
(7) Cf. "O novo paradigma holístico", neste volume.
(8) Cf. 6, p. 22.
(9) WEIL, P. *A neurose do paraíso perdido*. Rio, Espaço-Tempo (Vozes), 1987.

CARTA DE BRASÍLIA

Documento-síntese do I CONGRESSO HOLÍSTICO INTERNACIONAL e I CONGRESSO HOLÍSTICO BRASILEIRO

Restabelecendo as ligações com a sabedoria antiga, em 1978, na Universidade Federal de Minas Gerais, Brasil, foram lançadas sementes no movimento holístico, através da criação da Associação Transpessoal Internacional, de onde emergiram encontros internacionais entre ciência, arte, filosofia e tradições espirituais. Deste movimento nasceram colóquios independentes, como os de Córdoba e Tsukuba, que culminaram na Declaração de Veneza, da UNESCO, e na criação, em Paris, da Associação e Universidade Holística Internacional, em 1986.

1. Os I CONGRESSO HOLÍSTICO INTERNACIONAL e I CONGRESSO HOLÍSTICO BRASILEIRO, ocorridos em Brasília de 26 a 29 de março de 1987, reafirmam esta relação entre o homem e o universo, entre a parte e o todo, e enfatizam as conseqüências concretas da descoberta da complementaridade entre ciências e tradições de sabedoria, gerando a abordagem da transdiciplinaridade.

2. Precisamos nos tornar contemporâneos do nosso tempo. É necessário harmonizar nossa visão do universo e nosso mundo relacional com a profunda evolução científica em marcha, com a nova epistemologia.

3. Uma nova civilização está nascendo, uma mutação de consciência está em curso. Ela se traduz pelo progressivo reconhecimento mundial da visão holística, que estabelece pontes sobre todas as fronteiras do conhecimento humano, resgatando o amor essencial como base da vinculação entre todos os viventes.

4. Não opor e não mesclar são dois princípios fundamentais da visão holística, evitando assim os riscos do sectarismo, do pseudo-sincretismo e de todas as formas redutivas da identidade dos seres e das culturas.

5. Diante dos riscos da fragmentação e desvinculação que conduzem ao caos da violência e da confusão, ameaçando as pessoas e as nações, apontamos para a opção holística.

6. O século XXI ou será holístico ou não será.

Brasília, 29 de março de 1987.

Signatários da Carta de Brasília

Pierre Weil (França e Brasil)
Doutor em Psicologia pela Universidade de Paris, presidente da Universidade Holística Internacional, presidente da Fundação Cidade da Paz.

Jean-Yves Leloup (França)
Doutor em teologia e filosofia, presidente da Universidade Holística Internacional de Paris.

Monique Thoenig (França)
Psicoterapeuta, fundadora da Universidade Holística de Paris e vice-presidente da Universidade Holística Internacional de Paris.

Andre Chouraqui (Israel)
Escritor, tradutor da Bíblia e do Alcorão, presidente da Aliança Francesa de Jerusalém.

Ubiratan D'Ambrosio (Brasil)
Doutor em matemática, pró-reitor da UNICAMP, signatário da Declaração de Veneza, da UNESCO, presidente da HOLOS, Associação Holística Internacional — Brasil.

Michel Randon (França)
Escritor-editor do Clube de Roma, especialista nas relações entre ciências e tradições, signatário da Declaração de Veneza, da UNESCO.

John Keith Wood (USA e Brasil)
Matemático, engenheiro e psicoterapeuta, ex-diretor do Center for Studies of the Person, La Jolla.

Stanley Krippner (USA)
Doutor em psicologia do Saybrook Institute, San Francisco.

Claudio Naranjo (Chile e USA)
Psiquiatra, presidente fundador do Instituto SAT da Califórnia e Espanha.

Roberto Crema (Brasil)
Psicólogo clínico e antropólogo, diretor geral da HOLOS — Brasil., 2º Vice-Presidente da Fundação Cidade da Paz.

Murillo Nunes de Azevedo (Brasil)
Engenheiro e orientalista, diretor de tradições da HOLOS, Associação Holística Internacional — Brasil.

Jorge Ponciano Ribeiro (Brasil)
Filósofo, teólogo e Ph.D. em psicologia, diretor científico da HOLOS, Associação Holística Internacional — Brasil.

Dênis Marinho Brandão (Brasil)
Médico, Presidente da Associação Médica de Brasília, Diretor de Edições da HOLOS - Brasil.

Vera Schiller Kohn (Equador)
Psicóloga clínina, especialista em Zen e Terapia Iniciática, fundadora do Centro de Desarollo Humano.
Stacey D. Mills (USA)
Bispo da Igreja Universal, psicóloga clínica e especialista em Rolfing, do Rolf Institute, Colorado.
Ramon Pascual M. Soler (Argentina)
Doutor em Medicina, mestre de Antropologia Transcultural.
Harbans Lal Arora (Índia e Brasil)
Doutor em Física Teórica e Yogue.
Nicole Buloze (Suíça)
Cantora de ópera, soprano, presidente do Colégio Suíço da Universidade Holística Internacional.
Carlos Martinez Bouquet (Argentina)
Médico psiquiatra, membro didata da Associação Psicanalítica Argentina, presidente do Centro Budista Tibetano de Buenos Aires.
Cláudio Santoro (Brasil)
Maestro, regente e compositor, representante brasileiro em conferências e organizações internacionais, Prêmio Internacional da Paz (Viena, 1952).
Maurício Andrés
Arquiteto, vice-Presidente da Fundação Cidade da Paz.
Walt Walton (USA)
PhD, psicoterapeuta, estudioso e professor de vias de libertação.
Joseph Moo-Shong Woo (China e Brasil)
Mestre de Tai-Chi-Chuan, Presidente Honorário da União Geral Mundial de Associação de Médicos Chineses.
Arnold Jose de Hoyos (Brasil)
Estatístico, fundador do Centro de Estudos da Consciência da Unicamp.

Autores

Andre Chouraqui
Escritor, autor da nova tradução do Antigo e Novo Testamento, conhecida como "Bíblia Chouraqui", ex-presidente da Aliança Francesa de Jerusalém, tradutor do Alcorão, vice-prefeito de Jerusalém, conhecido como "O homem de Jerusalém", Israel.

Borisas Cimbleris
Engenheiro de minas e metalurgia e engenheiro civil, mestre em engenharia nuclear (EUA), doutor em termodinâmica, Brasil.

Carlos Byington
Médico psiquiatra, analista do Instituto Jung de Zurique, conferencista internacional, autor de livro e de vários artigos sobre psicologia analítica publicados em revistas nacionais e estrangeiras, Brasil.

Harbans Lal Arora
Doutor em física teórica e iogue formado na Índia, professor universitário da Universidade do Ceará, estudioso de ioga há mais de trinta anos, Brasil.

Jean-Yves Leloup
Ph.D. em psicologia transpessoal, doutor em teologia pela Universidade de Estrasburgo, professor de filosofia no Colégio de Los Angeles, EUA, com formação em terapia iniciática, dominicano, ordenado sacerdote em 1978, escritor de produções em Hollywood, diretor do Centro Internacional de Sant-Baume, colaborador regular em várias revistas francesas, presidente da Universidade Holística Internacional, França,.

José Angelo Gaiarsa
Médico psicoterapeuta há quarenta anos, especialista em Reich, Jung e fisiologia motora, pioneiro no Brasil na utilização de técnicas corporais, autor de vários livros, Brasil.

Maurício Andrés
Arquiteto e planejador, autor de vários livros, Brasil.

Michel Randon
Escritor-editor do Club de Roma, especialista nas relações entre ciência e tradição, autor de numerosos filmes e livros sobre a matéria, profundo conhecedor da arte visionária, do sufismo, da dança e das artes marciais do Japão, signatário da Declaração de Veneza, França.

Murillo Nunes de Azevedo
Engenheiro, orientalista pioneiro no estudo do pensamento do Extremo Oriente no Brasil, tradutor do Daizetz Suzuki, monge da escola Jodo Shinshu, com formação em Shingon e Zen no Japão, autor de vários livros, Brasil.

Pierre Weil
Doutor em psicologia pela Universidade de Paris, vários diplomas de psicologia da educação pelas Universidades de Paris, Lyon, Estrasburgo e Genebra, fundador-presidente da Sociedade Brasileira de Psicoterapia de Grupo e Psicodrama, membro fundador e vice-presidente da Sociedade Internacional Transpessoal, fundador e vice-presidente da Universidade Holística Internacional, autor de mais de vinte livros traduzidos em cinco idiomas; presidente de honra do I CHI, Brasil.

Radha Burnier
Presidente internacional da The Theosophical Society, com sede em Adyar Madras, Índia, e com representações em mais de cinqüenta países do mundo desde 1875, grau de mestre em sânscrito e estudos clássicos na Universidade de Madras e ex-diretora da famosa biblioteca de Adyar e Centro de Pesquisas em Madras, que reúne mais de 17 mil manuscritos orientais. Foi treinada durante muitos anos na dança clássica hindu e apareceu no filme de Jean Renoir, *The river*, Índia.

Roberto Crema
Psicólogo clínico e antropólogo, analista transacional didata com formação em gestalt, biodança, bioenergética e terapia familiar, estudioso da integração do enfoque da psicoterapia com os caminhos de libertação orientais; vice-presidente da Associação Latino-Americana de Análise Transacional, autor de vários livros, Brasil.

Ubiratan D'Ambrosio
Doutor em matemática, professor associado e assistente de diversas universidades dos EUA, pró-reitor da Unicamp, autor de quinze livros e membro de diversas sociedades internacionais. Único brasileiro signatário da Declaração de Veneza e homenageado especial do II CHI, Brasil.

Ved Kumari Arora
Bacharel em letras, iogue formada na Índia, diretora do Instituto Vivekananda de Fortaleza, Brasil.